幸せが授かる日本の神様事典

あなたを護り導く97柱の神々たち

CR&LF研究所 編著
中川 学 画

マイナビ

はじめに

神様。日本人として生まれた者として、この神様という言葉はとても特別な響きと意味を持つ存在ではないかと思います。

ここ数年の間、ご縁あって何冊かのスピリチュアルな本の製作や関連の仕事にも携わらせていただき、神や天使、マスター、スピリット、妖精など、目に見えないさまざまな高次の存在たちと関わる機会をいただきました。

その過程では、本当にたくさんの存在たちのエネルギーと関わらせていただきましたし、自分自身の学びも数多く体験しました。そして、世界中にはたくさんの神様や高次の存在たちがおり、国や宗教などによってその名は違えども源は一緒であるということも体験的に学ばせていただきました。

そんな体験を経て、今回の「神様事典」の製作に携わる機会をいただいたとき、これまでの高次の存在と関わるのとは全く違った、とても神妙な気持ちとなり、特別なお役目を受けたような気がしました。

この本づくりを通して、もちろんさまざまな知識や学びをいただきましたが、それ以上の何か、自分の魂に響くような特別の体験をしているように思えてなりませんでした。これはやはり日本人としての血というのでしょうか、作業をしながらいつのまにか自分のルーツに思いを馳せている。そんな日々の連続であり、日本人として神様たちを再認識させられたような気がします。

本書では、『古事記』を中心に私たち日本人のルーツであり、古来より日本の民を守り、お導き続けてくださっている97柱の神様たちを紹介しています。神々の伝説やプロフィール、お祀りされている神社のほか、個性豊かな神々たちがどんな役割を持つのかまで、詳しく紹介しました。

一柱一柱、敬虔な思いを抱きながら向き合わせていただき、その中からさらに71柱の神様からのメッセージも受け取り、掲載しています。日本の神を知ることは、ほかならぬ自分自身を知ることでもあります。この本を通して、自分自身、そして神々との繋がりを再認識し、あなたのこれからの人生に、光とヒントをもたらすような体験となれば幸いです。

神々のご加護と恵みをあなたに。

CR&LF研究所／月音

目次

はじめに……2

本書の使い方……10

第一部 『神様の基礎知識』……13

神様と日本人……14

神様の起源と歴史……18

記紀の世界構造……22

第二部 『神様プロフィール』……25

第一章 日本のはじまり……26

天之御中主神
あめのみなかぬしのかみ……30

高御産巣日神
たかみむすひのかみ……32

神産巣日神
かみむすひのかみ……34

天之常立神
あめのとこたちのかみ……36

国之常立神
くにのとこたちのかみ……38

伊邪那岐命
いざなぎのみこと……40

伊邪那美命
いざなみのみこと……44

大山津見神
おおやまつみのかみ……48

火之迦具土神
ひのかぐつちのかみ……50

和久産巣日神
わくむすひのかみ……52

宇迦之御魂神
うかのみたまのみこと……54

天照大御神 あまてらすおおみかみ …… 60

月読命 つくよみのみこと …… 64

建速須佐之男命 たけはやすさのおのみこと …… 68

宇摩志阿斯訶備比古遅神 うましあしかびひこぢのかみ …… 72

豊雲野神 とよくものかみ …… 73

水蛭子 ひるこ …… 74

第二章 高天原 …… 82

金山毘古神・金山毘売神 かなやまびこのかみ・かなやまびめのかみ …… 75

波邇夜須毘古神・波邇夜須毘売神 はにやすびこのかみ・はにやすびめのかみ …… 76

彌都波能売神 みづはのめのかみ …… 77

泣澤女神 なきさわめのかみ …… 78

志那都比古神 しなつひこのかみ …… 79

大年神 おおとしのかみ …… 80

コラム① 日本の代表 伊勢神宮と式年遷宮祭 …… 81

宗像三神 むなかたさんじん …… 86

思金神 おもいかねのかみ …… 90

天宇受売命 あめのうずめのみこと …… 94

天手力男神 あめのたぢからおのかみ …… 98

天児屋命 あめのこやねのみこと …… 102

布刀玉命 ふとだまのみこと …… 104

伊斯許理度売命《いしこりどめのみこと》……106
天津麻羅《あまつまら》……108
大宜都比売神《おおげつひめのかみ》……110
第三章　出雲……112
足名椎神《あしなづちのかみ》・手名椎神《てなづちのかみ》……116
櫛名田比売《くしなだひめ》……118
大国主神《おおくにぬしのかみ》……122
八上比売《やがみひめ》……126
須勢理毘売命《すせりびめのみこと》……128
少名毘古那神《すくなびこなのかみ》……130
幸魂《さきみたま》・奇魂《くしみたま》……134
淤美豆奴神《おみずぬのかみ》……138
第四章　天孫降臨……140
正勝吾勝勝速日《まさかつあかつかちはやひ》天之忍穂耳命《あめのおしほみみのみこと》……144
天之菩卑能命《あめのほひのみこと》……148
建御雷之男神《たけみかづちのおのかみ》……150
事代主神《ことしろぬしのかみ》……154
建御名方神《たけみなかたのかみ》……156
邇邇芸命《ににぎのみこと》……158
三種の神器《さんしゅのじんぎ》……162
猿田毘古神《さるたびこのかみ》……166

木花之佐久夜毘売《このはなのさくやびめ》……170
石長比売《いわながひめ》……174
天若日子《あめのわかひこ》……178
高比売命《たかひめのみこと》……179
万幡豊秋津師比売命《よろずはたとよあきつしひめのみこと》……180
コラム② 神仏習合と本地垂迹……181
第五章　人皇誕生……182
山幸彦《やまさちひこ》……186
海幸彦《うみさちひこ》……190
豊玉毘売命《とよたまびめのみこと》……194
玉依毘売命《たまよりびめのみこと》……198
神倭伊波礼琵古命《かんやまといわれびこのみこと》……202
塩椎神《しおつちのかみ》……206
綿津見神《わたつみのかみ》……208
第六章　大和の国見……210
富登多多良伊《ほとたたらい》須須岐比売命《すずひめのみこと》……214
八咫烏《やたがらす》……218
天之日矛《あめのひぼこ》……220
意富多多泥古《おおたたねこ》……224
多遅麻毛理《たじまもり》……226

倭比売命《やまとひめのみこと》……228
倭建命《やまとたけるのみこと》……230
弟橘比売命《おとたちばなひめのみこと》……234
息長帯比売命《おきながたらしひめのみこと》……236
建内宿禰《たけしうちのすくね》……240
大雀命《おおさざきのみこと》……242
大長谷若建命《おおはつせのわかたけのみこと》……244
葛城之一言主大神《かつらぎのひとことぬしのおおかみ》……246
豊御食炊屋比売命《とよみけかしぎやひめのみこと》……248
上宮之厩戸豊聡耳命《うえつみやのうまやどのとよとみみのみこと》……250
高倉下《たかくらじ》……252
神沼河耳命《かんぬなかわみみのみこと》……253
大帯日子淤斯呂和気命《おおたらしひこおしろわけのみこと》……254
美夜受比売《みやずひめ》……255
帯中津日子命《たらしなかつひこのみこと》……256
大鞆和気命《おおともわけのゑことみやずひめ》……257

第七章

そのほかの八百万の神……258
榎本神《えのもとのかみ》……260
役小角《えんのおづの》……262
金毘羅権現《こんぴらごんげん》……264

七福神《しちふくじん》……266
菅原道真《すがわらのみちざね》……268
野見宿禰《のみのすくね》……270
倭大国魂神《やまとのおおくにたまのかみ》……272
第八章　神聖視される山々……274
畝傍山《うねびやま》……276
天香具山《あまのかぐやま》……277
耳成山《みみなしやま》……278
富士山《ふじさん》……279
三輪山《みわやま》……280
吉野山《よしのやま》……281
コラム③　自然信仰と太陽崇拝……282
第三部『神様と出会うために』……283
神様を詣でる作法と心構え……284
神様をお迎えするために……288
索引……292
おわりに……296

本書の使い方

本書の第二部（P25 ～ P282）には、「神様プロフィール」として、『古事記』や『日本書紀』をはじめ、様々な神話に登場する日本の八百万の神を紹介しています。それぞれの内容は下記のとおりです。ぜひご活用ください。

天之御中主神《あめのみなかぬしのかみ》

宇宙の中心に存在する根源の神

PROFILE

別名⊙天之御中主尊《あめのみなかぬしのみこと》

所属⊙造化三神、別天神五柱《ことあまつかみごはしら》

守護分野⊙鎮護国家

出典⊙古事記、日本書紀

キーワード⊙宇宙、原初、北極星と北斗七星、天地開闢

⛩ 太田神社（福島）、秩父神社（埼玉）、木嶋坐天照御魂神社（京都）、岡田神社（兵庫）ほか、妙見さまと呼ばれる神社

データ

イメージイラスト、別名、所属、守護分野、出典、キーワード、お祀りされている神社（都道府県順）を項目に分けて紹介しています。

神話

ここでは各種文献や伝説などで描かれた、神様の物語や伝承を中心に紹介しています。

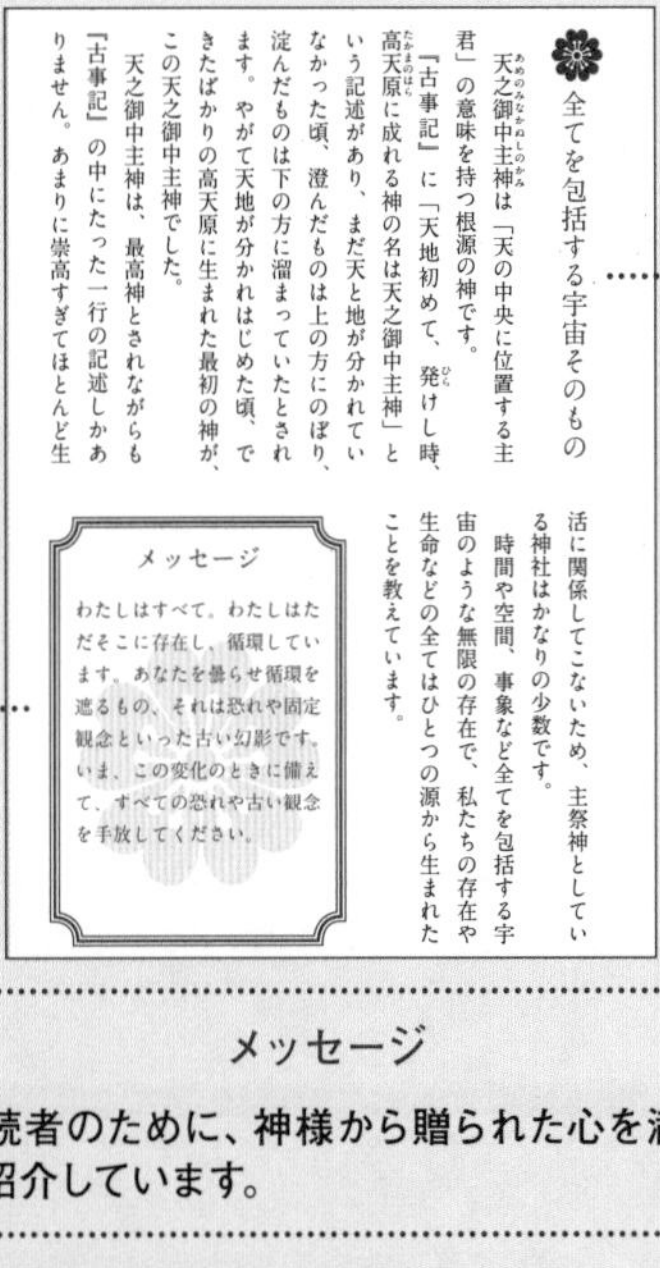

全てを包括する宇宙そのもの

天之御中主神《あめのみなかぬしのかみ》は「天の中央に位置する主君」の意味を持つ根源の神です。

『古事記』に「天地初めて、発《ひら》けし時、高天原《たかまのはら》に成れる神の名は天之御中主神」という記述があり、まだ天と地が分かれていなかった頃、澄んだものは上の方にのぼり、淀んだものは下の方に溜まっていたとされます。やがて天地が分かれはじめた頃、できたばかりの高天原に生まれた最初の神が、この天之御中主神でした。

天之御中主神は、最高神とされながらも『古事記』の中にたった一行の記述しかありません。あまりに崇高すぎてほとんど生活に関係してこないため、主祭神としている神社はかなりの少数です。

時間や空間、事象など全てを包括する宇宙のような無限の存在で、私たちの存在や生命などの全てはひとつの源から生まれたことを教えています。

メッセージ

わたしはすべて。わたしはただそこに存在し、循環しています。あなたを曇らせ循環を遮るもの、それは恐れや固定観念といった古い幻影です。いま、この変化のときに備えて、すべての恐れや古い観念を手放してください。

メッセージ

この本の読者のために、神様から贈られた心を満たすメッセージを紹介しています。

※神名は『古事記』に準拠し、これに登場しない神々については『日本書紀』を優先に各文献から採用しています。
※神名の読みは、現代仮名づかいに統一しています。
※別名は、全国一の宮でお祀りされている神様の神名を優先に各文献から採用しています。

第一部 神様の基礎知識

神様と日本人

森羅万象《しんらばんしょう》に神の意思を感じとり、畏敬《いけい》の念を抱く日本人。伝承されてきた文化の中に、自らの神性を再発見するヒントがあります。

日本の神様とは？

八百万《やおよろず》の神という言葉に象徴されるように、私たち日本人は古くから神の存在を身近なものとして感じ、接してきました。この点は、諸外国の宗教における神の概念とは大きく異なります。

外へ出ると自然界には、山に川に石にも神が宿ります。道ばたの草木や虫の声にふと生命の慈しみを覚え、人間の手では作り出せない自然現象に私たちは神のはたらきを感じとるのです。

生活の中にある場所や道具にも、それぞれ神様がいます。釜戸《かまど》の神様、井戸の神様、トイレの神様。日常に欠かせないこうした場にありがたいと敬意をはらってその恩恵を感じています。また神様には祭りがつきものです。実りの秋にその年の豊作を喜び、五穀豊穣に感謝して祭りをするのは農耕民族の大事な文化です。衣食住をはじめ全ての産業に守り神がおり、その加護を受けています。

このように、目に見えない神の存在を確かに感じ、親しみを覚えるのは、もともと人間の中に備わっている神性が共鳴しているからではないでしょうか。

日本人と神社

目に見えない神は、木や石を依代《よりしろ》として宿り、祀られてきました。さらに神の恩恵を享受するために、特定の場を定め、神をお迎えし、手厚くお祀りしたのが神社のはじまりです。畏敬の心や感謝の心を持って、神に言付けるための橋渡し役をするのが神に仕える人々です。この神職の人たちによって、長きに渡り神社は守り継がれています。

全国各地には約八万社もの神社が存在し、人々が人生の晴れの日に、または気持ちを整える宣言の意味も込めて、参拝してきました。地域の氏神様は四季を通じて我々の生への姿勢を正す機会を与えてくれています。

日本神道の代表である伊勢神宮。祀られているのは皇室のご祖先の神で、日本人の総氏神です。お伊勢さんの名で親しまれ「一生に一度はお伊勢参り」といわれるほど、人々のあこがれでした。

日本人にとって神とは物質的な恵みを授

かるだけでなく、精神的な寄りどころでもあります。清らかで神聖な場である神社は、厳かながらも懐かしい気持ちになる特別な場所なのです。

天の仕組みと神話

神とは別に、日本には天という概念があります。天国ではありません。宇宙のはじまりに関わる神々をはたらかせた、その大もとの天です。天のもとにあらゆる階層の神々が存在し、天、すなわち宇宙の創造主を根源神とし、それを地上に体現できる最高の表現主を太陽と位置づけるのが、天の仕組みです。朝夕に空を仰ぎ見て手を合わせ、今日の無事を「お天道様」に感謝するのが日本人が本来持っていた神と関わる心なのです。

自然界で目にするものの全ての中に神を見出すことができる豊かな発想力。人々との触れ合いにおいて神のはたらきを窺い知るすぐれた感性。様々な出来事に対しても、崇高な意志を感じとり、畏敬の念を持ち礼を尽くす文化は、日本人の精神性を物語るものです。さらには社を設け祀るという人々の行為があり、その整えられた場と形があったからこそ、人と神との関係が守り受け継がれてきました。

人知を超えた神という存在ではありますが、そのはたらきを人格化して示し、より人々に親しみやすい神様として語り継いだのが神話です。この世の成り立ちに携わった神々、そこから生まれた神々、その系譜や体系は『古事記』や『日本書紀』をはじめとした古い書物に残されています。

神にはそれぞれ呼び名があり、与えられたはたらきや役目も異なります。すでに広く認識されている神から、あまり知られていない神まで、系統立てて学ぶことで、神様の存在をもっと近くに感じられるようになるでしょう。

『伊勢参宮　宮川の渡し』歌川広重(提供　国立国会図書館)

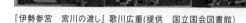

神様の起源と歴史

原始の神から、体系化された神へ――。
神により統治されてきた日本のあゆみ。

原始信仰と渡来神

日本における最も古い「神」の概念は、自然を神格化したものです。古の人々は、自然現象の中に、人智をはるかに越えた神々しいはたらきを感じとっていたのでしょう。

人々は、太陽のぬくもりや雨の恵みをいただきながらも、ときには危害をもたらす自然に対して、怒りを鎮め、恩恵に与れるように乞い願っていたのです。そこに次第に崇拝が生まれ、原始信仰になりました。

また島国である日本列島には、海流に乗って渡来氏族が渡ってくるようになります。氏族は大陸の文明・文化と共に自分たちが仰ぐ神を持っていました。その神を持ち込むことで、同族意識が強まり、部族や村という集合体ができていきました。先住の人々が持っていたそれまでの自然神に、氏族の祖先神を敬う信仰が加わり、今日八百万と称される様々な神の原型となっていったのです。

大和朝廷による体系化

各地で勢力を持つ豪族が散らばっていた時代に、日本史上最初の統一政権である大和朝廷が、日本の主な地域を支配下に治めました。これらのいきさつは『古事記』および『日本書紀』に記されるところです。

『古事記』は、和銅五(七一二)年に太安《おおのやす》万侶《まろ》によって元明天皇《げんめいてんのう》に献上された上・中・下の全三巻からなる日本最古の歴史書です。同時に『古事記』はまた神代《じんだい》、すなわち人間の歴史がはじまる以前の、神の時代の話でもあります。高千穂《たかちほ》への天孫降臨、大国主神《おおくにぬしのかみ》の国譲り、神武天皇の東征、倭建命の記述は、創作も含まれると考えられますが、大陸からの文化を広め勢力を拡大していく様子が神々の逸話として語られています。

また『日本書紀』は養老四(七二〇)年に舎人《とねり》親王が奏上した、現存する日本の最古の正史とされています。その内容は神代から持統天皇《じとうてんのう》の時代までを扱う全三十巻から成ります。

『日本書紀』の神代巻では、神々が高天《たかまの》原《はら》の「天津《あまつ》神系(天神)」と、地上の「国津《くにつ》神《はら》系(地祇)」のふたつの系統に大別されています。天津神系は、天之御中主神《あめのみなかぬしのかみ》・伊邪《いざ》那岐命《なぎのみこと》・伊邪那美命《いざなみのみこと》・天照大御神《あまてらすおおみかみ》など、高天原に住む、または高天原から天下った神々の総称です。国津神系は、建速須佐之《たけはやすさの》男命《おのみこと》・大国主神・猿田毘古神《さるたびこのかみ》などで地に現れた神々の総称です。

『古事記』『日本書紀』にはいずれも、天皇は天下った神の子孫であると明示されています。天皇の祖先は神であるとして、その地位を揺るぎないものにし、大和朝廷は大規模な国家勢力を築いていきました。

古来、国を治める政治は「政事《まつりごと》」といい、それは神を祀る祭事《まつりごと》と同義であったと考えられます。祭祀を司る者は政治も担う、祭政一致の体制をとった大和朝廷は、中央集権の国家体制を確立すると共に、体系化された日本の神様に対する概念を広めることとなりました。天照大御神を最高神とした、八百万《やおよろず》の神々による共存共栄の姿がそのまま、日本人の思想として根付いていったのです。

神道の成立

神道とは日本の民族的な信仰の体系であり、日本固有のあらゆるものを神ととらえる教えです。神道には、その成立過程や内容により様々な形があります。

まずは天皇家の神道である「皇室神道」。それから神社を中心に、氏子などによって行われる祭祀儀礼をその中心とする「神社神道」。教祖・開祖の宗教的体験にもとづく「教派神道」（神道十三派）。さらには古くから民間で行われてきたものや、密教・仏教・道教の思想を取り入れた「古神道」。現在では単に「神道」といった場合には、神社神道を指します。

今日、私たちが一般的にいう神社神道における神は、律令体制が推進された天武天皇朝頃（七世紀後半）に確立されたものと考えられています。律令体制と共に、神社の祭祀も定期的に行われ、国が統括する神社（官社）を管理する神祇官が置かれるようになり、神祇制度が整ってきました。そして延長五（九二七）年には「延喜式神名《えんぎしきじんみょう》帳《ちょう》」が編纂されました。これは、国・郡別に、全国二千八百六十一社の神社と、三千百三十二の神々がまとめられ、序列化された神と神社の一覧表です。その選定には当時の政治が色濃く反映されており、政教一致の体制が窺われます。神社や神祇という言葉が出てきたのも、この頃です。

現代では政治と宗教は分離されていますが、この延喜式神名帳に制定された神社は各地の主要な神社として、地域の人々の信仰を集めて季節の祭り事が存続されています。

記紀の世界構造

記紀[※]の中の世界構造を想像してみましょう。
神話への理解がより深まる筈です。

※記紀とは『古事記』『日本書紀』の総称です。

記紀に登場する四つの世界

記紀には「高天原《たかまのはら》」「葦原中国《あしはらのなかつくに》」「根堅州《ねのかたす》国《くに》」「黄泉国《よみのくに》」の四つの世界が登場します。これを現在にたとえると「天国」「地上」「地獄」といったところでしょう。

世界は混沌とした闇が陰陽に分かれ、それが天と地になるところからはじまります。その天は高天原と呼ばれ、原初の神々が誕生した場所でもあります。全ての神々はここに住まわれていましたが、そこから伊邪那岐命《いざなぎのみこと》と伊邪那美命《いざなみのみこと》は天津《あまつ》神々の命によって天の下にオノゴロ島を造り、そこへ降り立ちます。そして、数々の島を生み出しました。その生み出された島々が、葦原中国となります。では、根堅州国と黄泉国はどこにできたのでしょう。

黄泉国の位置関係

記紀は様々な矛盾を含んでいます。そのため解釈のされ方も十人十色、たくさんの説が存在します。

この根堅州国と黄泉国の誕生にもいくつかの説はありますが、最初に天と地が分かれたとき、天の下に黄泉国が生まれたと考えるのが一般的です。そうすると、葦原中国は高天原と黄泉国の間に存在するように思われるのですが……。

『古事記』の一文に、黄泉国《よみのくに》へ伊邪那美命を迎えにいった伊邪那岐命が、化物になった伊邪那美命を見て逃げ帰るシーンがあります。このシーンは「伊邪那美命がまだ追いかけて、伊邪那岐命は黄泉比良坂《よもつひらさか》の坂本に着いたとき……」と訳されるのですが、この黄泉比良坂は葦原中国と黄泉国を繋ぐ道の国境とも、根堅州国にあるともいわれ、坂本とは坂道の上り口を指す言葉です。そうすると、黄泉国は葦原中国の下にあったとはいい難く、この三つの国は地続きだった……と考えられるのです。

そんな空想はつきることはありませんが、次頁の世界構造図では一般的な解釈にもとづいて、四つの国を縦にイメージして表しています。あなたなら、どんな世界構造を想像されますか?

世界構造図

高天原
たかまのはら

葦原中国
あしはらのなかつくに

根堅州国
ねのかたすくに

黄泉国
よみのくに

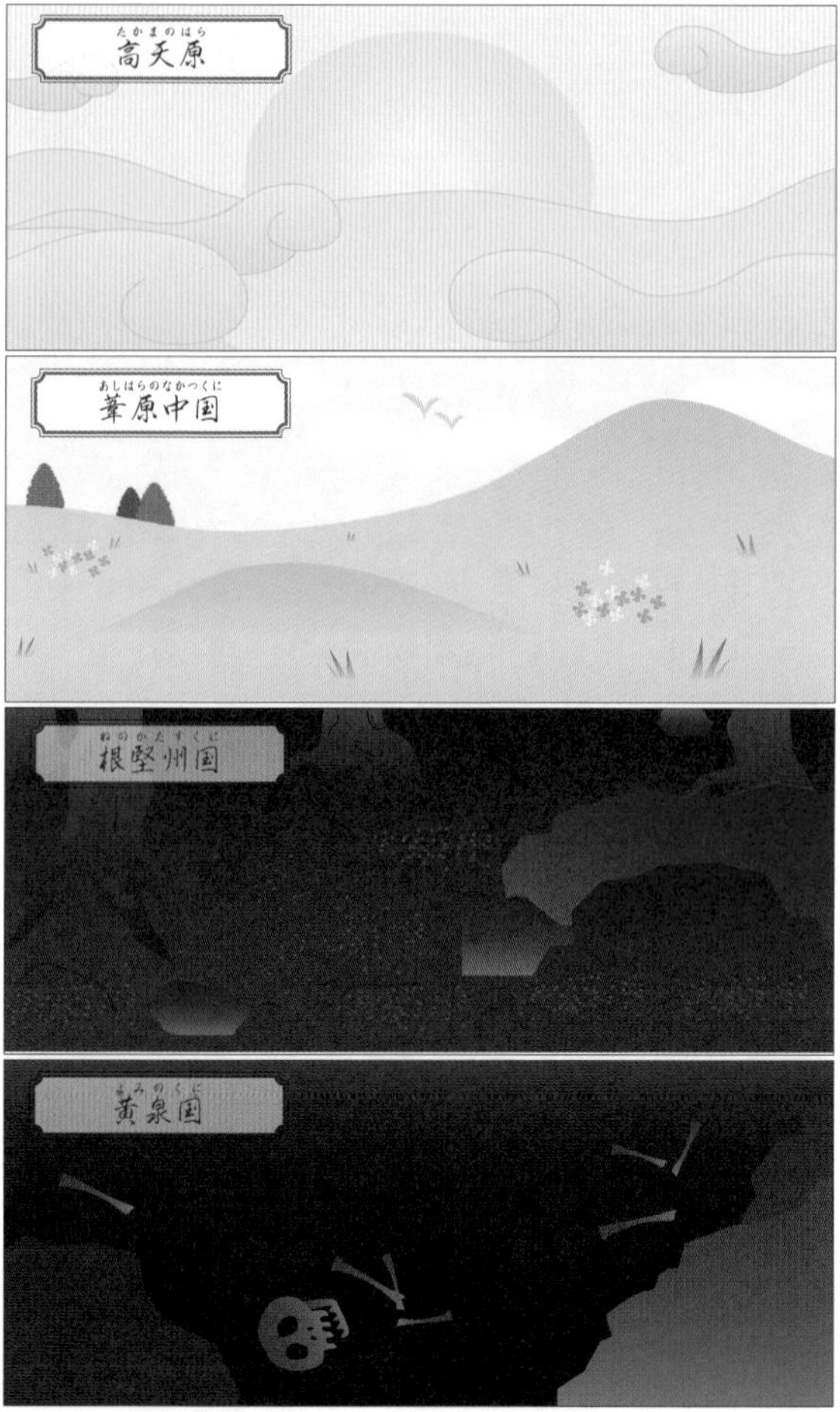

第二部 神様プロフィール

第一章 日本のはじまり

日本の起こりについて、古事記や日本書紀などの様々な神話をベースに、その世界をさぐってみましょう。

この章に関係する主な神々

別天神五柱《ことあまつかみごはしら》

造化三神《ぞうかさんしん》

天之御中主神《あめのみなかぬしのかみ》

高御産巣日神《たかみむすひのかみ》

神産巣日神《かみむすひのかみ》

天之常立神《あめのとこたちのかみ》

宇摩志阿斯訶備比古遅神《うましあしかびひこぢのかみ》

神世七代《かみよななよ》

国之常立神《くにのとこたちのかみ》

豊雲野神《とよくもののかみ》

宇比地邇神《うひぢにのかみ》 ＝ 須比智邇神《すひぢにのかみ》

角杙神《つのぐいのかみ》 ＝ 活杙神《いくぐいのかみ》

意富斗能地神《おおとのぢのかみ》 ＝ 大斗乃弁神《おおとのべのかみ》

於母陀流神《おもだるのかみ》 ＝ 阿夜訶志古泥神《あやかしこねのかみ》

伊邪那岐命《いざなぎのみこと》 ＝ 伊邪那美命《いざなみのみこと》

- 伊邪那岐命の子
  - 泣澤女神《なきさわめのかみ》
  - 住吉三神《すみよしさんじん》
  - 天照大御神《あまてらすおおみかみ》
  - 月読命《つくよみのみこと》
  - 建速須佐之男命《たけはやすさのおのみこと》 ＝ 神大市比売《かむおおいちひめ》
    - 大年神《おおとしのかみ》
    - 宇迦之御魂神《うかのみたまのかみ》
- 伊邪那岐命・伊邪那美命の子
  - 水蛭子《ひるこ》
  - 志那都比古神《しなつひこのかみ》
  - 大山津見神《おおやまつみのかみ》（→ 神大市比売）
  - 火之迦具土神《ひのかぐつちのかみ》
- 伊邪那美命の子
  - 金山毘古神《かなやまびこのかみ》 ＝ 金山毘売神《かなやまびめのかみ》
  - 波邇夜須毘古神《はにやすびこのかみ》 ＝ 波邇夜須毘売神《はにやすびめのかみ》
  - 和久産巣日神《わくむすひのかみ》 ＝ 彌都波能売神《みずはのめのかみ》

三貴子《さんきし》

（天照大御神・月読命・建速須佐之男命）

黒……性別の明らかでない神　青……男神　赤……女神

＝……夫婦

天地開闢《てんちかいびゃく》と天の神々誕生

世界ははじめ天と地の区別がなく、ただ混沌としたひとつの闇からはじまります。その混沌としたものの中の、清らかなエネルギーは上昇して天となり、重いエネルギーは下降して大地となりました。天界は高天原《たかまのはら》といわれ、そこで最初に誕生した神が天之御中主神《あめのみなかぬしのかみ》でした。そして、高御産巣日神《たかみむすひのかみ》、神産巣日神《かみむすひのかみ》がお生まれになります。続いて四柱の神がお生まれになりましたが、どの神も独身《ひとりがみ》でした。その後に、男女の対の神が五組お生まれになり、その最後に誕生されたのが、伊邪那岐命《いざなぎのみこと》と伊邪那美命《いざなみのみこと》です。この二柱は天之御中主神をはじめとする天津《あまつ》神々によって、まだ不完全であった大地を整えるという命と、神力を宿した天沼矛《あめのぬぼこ》を授かりました。

国生みと地上の神々の誕生

伊邪那岐命と伊邪那美命は天沼矛を使い、地上にオノゴロ島を造ります。そこに降り立ち婚儀をなさいました。二柱の最初の交わりは上手くいかず健全な形でない水蛭子《ひるこ》が生まれました。そこで、改めて婚儀を行い交わると、現在の淡路島、四国、隠岐島、九州……と、次々に島をお生みになり葦原中国《あしはらのなかつくに》を整えられました。その後、山川草木などの自然神をお生みになりますが、火之迦具土神《ひのかぐつちのかみ》をお生みになったときに伊邪那美命はほと（陰部）を大火傷してしまい、黄泉国《よみのくに》へとお隠れになりました。

黄泉国《よみのくに》と三貴子《さんきし》

伊邪那岐命は伊邪那美命が葦原中国へ戻ってくれるよう、黄泉国へ迎えにいきます。しかし、黄泉国の食べ物を食べてしまった伊邪那美命は、すでに化物と化した後でした。それを知った伊邪那岐命は、あわてて地上へと駆け戻りますが、伊邪那美命もあらゆる手を使って伊邪那岐命を捉えようとします。伊邪那岐命は櫛の歯、剣で応戦しながら、なんとか黄泉比良坂《よもつひらさか》まで逃げ切ると、そこに生えていた桃の木の実を投げつけました。すると伊邪那美命は怯み、その隙に大岩で坂を塞ぎ離縁をいい渡します。憤慨した伊邪那美命は「一日に千人の人を殺す」というと、伊邪那岐命は「ならば、一日に千五百人の子を生もう」と答え、別れられたのでした。伊邪那岐命が黄泉国で穢れた体を清めるため川で禊《みそぎ》を行うと、住吉三神《すみよしさんじん》をはじめ様々な神がお生まれになり、最後に天照大御神《あまてらすおおみかみ》、月読命《つくよみのみこと》、建速須佐之男命《たけはやすさのおのみこと》の三貴子《さんきし》がお生まれになりました。

天之御中主神《あめのみなかぬしのかみ》

宇宙の中心に存在する
根源の神

PROFILE

別名◉天之御中主尊《あめのみなかぬしのみこと》
所属◉造化三神、別天神五柱《ことあまつかみごはしら》
守護分野◉鎮護国家
出典◉古事記、日本書紀
キーワード◉宇宙、原初、北極星と北斗七星、天地開闢

⛩ 太田神社（福島）、秩父神社（埼玉）、木嶋坐天照御魂神社（京都）、岡田神社（兵庫）ほか、妙見様と呼ばれる神社

全てを包括する宇宙そのもの

天之御中主神《あめのみなかぬしのかみ》は「天の中央に位置する主君」の意味を持つ根源の神です。

『古事記』に「天地初めて、発《ひら》けし時、高天原《たかまのはら》に成れる神の名は天之御中主神」という記述があり、まだ天と地が分かれていなかった頃、澄んだものは上の方にのぼり、淀んだものは下の方に溜まっていたとされます。やがて天地が分かれはじめた頃、できたばかりの高天原に生まれた最初の神が、この天之御中主神でした。

天之御中主神は、最高神とされながらも『古事記』の中にたった一行の記述しかありません。あまりに崇高すぎてほとんど生活に関係してこないため、主祭神としている神社はかなりの少数です。

時間や空間、事象など全てを包括する宇宙のような無限の存在で、私たちの存在や生命などの全てはひとつの源から生まれたことを教えています。

メッセージ

わたしはすべて。わたしはただそこに存在し、循環しています。あなたを曇らせ循環を遮るもの、それは恐れや固定観念といった古い幻影です。いま、この変化のときに備えて、すべての恐れや古い観念を手放してください。

高御産巣日神《たかみむすひのかみ》

神聖で偉大な
生成の霊力を司る神

PROFILE

別名⦿高皇産霊神《たかみむすびのかみ》、高木神《たかぎのかみ》
所属⦿造化三神、別天神五柱《ことあまつかみごはしら》
守護分野⦿創造、むすんでまとめる
出典⦿古事記、日本書紀
キーワード⦿天、天上、むすひ、むすび
同一視されている神⦿神産巣日神《かみむすひのかみ》

⛩ 安達太良神社（福島）、赤丸浅井神社（富山）

高天原《たかまのはら》の重要事に関わる

高御産巣日神《たかみむすひのかみ》は、「生産・生成」、「日・火」の意味を持つ創造と生成力の神です。地を象徴し女神的要素を持つ神産巣日神《かみむすひのかみ》と一対をなし、共に「創造」を神格化した存在とされます。

『古事記』では、天地開闢《てんちかいびゃく》の際、最初に天之御中主神《あめのみなかぬしのかみ》が現れ、その後に神産巣日神と共に高天原《たかまのはら》に出現したのが高御産巣日神で、天之御中主神、神産巣日神と共に造化三神の一柱とされています。神話の中では、天照大御神《あまてらすおおみかみ》と共に「天孫降臨《てんそんこうりん》」など高天原の重大事を指揮、補佐する立場で登場する重要神として知られています。

高御産巣日神は、地を象徴する生成神、神産巣日神に対し、天上を象徴し生命エネルギーを司り、森羅万象全ての創造に関わっています。無から有を生み出し、それを生成し育成発展させるその力は、私たちに創造の本質を思い出させてくれます。

メッセージ

わたしはすべてを創造するもの。創造の羅針盤。光に気づき、純粋な宇宙のエッセンスであるあなた自身に還ることを助けます。心の中に溜め込んでいる感情のゴミをすべて手放し、勇気を持って大いなる一歩を踏み出しましょう。

神産巣日神《かみむすひのかみ》

造化三神のうち
唯一の女神？

PROFILE

別名◉神皇産霊尊《かみむすひのみこと》、神魂命《かみむすひのみこと》
所属◉造化三神、別天神五柱《ことあまつかみごはしら》
守護分野◉創造、結んでまとめる
出典◉古事記、日本書紀、出雲風土記
キーワード◉むすひ、むすび
同一視されている神◉天之常立神《あめのとこたちのかみ》、高御産巣日神《たかみむすひのかみ》

⛩ 八所神社（山形）、安達太良神社（福島）

生命の蘇生復活を司る

神産巣日神《かみむすひのかみ》は、「新たなものを生み生成する不思議な力」という意味を持つ、天地の生成に関わる神です。

天地開闢《てんちかいびゃく》のとき高天原《たかまのはら》に出現した造化三神の一柱とされています。高御産巣日神《たかみむすひのかみ》とは共に「創造」を担う一対の神で、高御産巣日神が「天」（陽）の象徴に対し、神産巣日神は「地」（陰）を象徴。夫婦ではなく単独で成る独神《ひとりがみ》ですが、造化三神の中で唯一の女神であるとする説もあります。

神産巣日神の司る「生成力」は、「蘇生」や「復活」とも大きな関係があります。後に登場する国造りの神、大国主神《おおくにぬしのかみ》が兄神らによって殺されたとき、二神を遣わせて蘇生させたといわれます。

その神名のとおり様々なものを結びつける役割を持ち、そこから生命や活力を生み出していく力、または求心力、取り込む力などを司っているようです。

メッセージ

死は再生の一過程です。もしいま自分自身を完全に生きていないと感じているなら、勇気を持ってあなたが抱え込んでしまったすべてを手放し、大きな宇宙の流れに飛び込んでください。勇気、信頼、愛こそがあなたを蘇らせる、最高の特効薬です。

天之常立神《あめのとこたちのかみ》

宇宙の恒常性を表し、
天の礎となる神

PROFILE

別名◉天常立尊《あまのとこたちのみこと》、天之常立尊

所属◉別天神五柱《ことあまつかみごはしら》

守護分野◉鎮護国家

出典◉古事記

キーワード◉高天原《たかまのはら》、霧

⛩ 駒形神社（岩手）、金持神社（鳥取）

高天原《たかまのはら》を固定化し守護する

天之常立神《あめのとこたちのかみ》は、「大地の出現を讃え、永遠の安定を願う」という意味を持つ、天の恒常性を表した神です。天地開闢《てんちかいびゃく》の際、別天神《ことあまつかみ》の五柱の最後に現れた独神で、国土形成の根源神とされる国之常立神《くにのとこたちのかみ》と対になる神とされています。「地」を司る国之常立神に対し、天之常立神は「天」を司り、高天原《たかまのはら》の守護神であるともいわれます。

天之常立神は、宇宙が誕生し、天と地がまだもやもやしていた頃に登場し、天（高天原）を固定して恒久的に神々が住む場所としました。その働きからこの神は、万物を生成する際の霊妙な働き（物理的なエネルギー）を象徴し、地球を含む宇宙全体を守る役割を担っているともいえましょう。

精巧なものをしっかりと形づけるエネルギーとして、おぼろげな夢や使命など私たちの中にある曖昧なものを現実の中で表現することを助けます。

メッセージ

あなたの中に宿る、精妙な心の動きを見逃さないでください。いま、あなたは本当の自分自身を生き、望む人生をこの地上で展開させるべきときを迎えています。あなたの中で芽吹いている、小さな動機に光をあて、それをしっかりと認識してください。

国之常立神《くにのとこたちのかみ》

大地そのものを
神格化した

PROFILE

別名⦿国常立尊《くにとこたちのみこと》、国底立尊《くにとこたちのみこと》
所属⦿神世七代《かみよななよ》
守護分野⦿鎮護国家、国土形成
出典⦿古事記、日本書紀
キーワード⦿葦《あし》、霧のようなモヤモヤ

⛩ 玉置神社（奈良）、熊野速玉大社（和歌山）、若桜神社（鳥取）

三次元世界の全てを管理

国之常立神《くにのとこたちのかみ》は、「国の床の出現」または「国が永久に立ち続ける」といった意味を持つ国土形成の神です。天地開闢《てんちかいびゃく》の際に出現し、天地が分かれはじめた頃に地上に葦《あし》のようなものが生まれ、それが国之常立神になったといわれます。『古事記』では、神世七代《かみよななよ》の一番目に現れた独神《ひとりがみ》で、別天神《ことあまつかみ》の最後の天之常立神《あめのとこたちのかみ》と対をなし「地」(国土)を司り、国土が永久に成立したことを現す神として知られています。世にはじめて生まれた神であるとされ、天之常立神よりも古くから信仰されていました。

宇宙が誕生し、国土がまだ混沌とした状態のときに登場し、泥土を凝集させて生命が宿る大地を造ったとされる国之常立神は、日本人にとっての元神。三次元世界の全てのものの管理を担い、あらゆる生命や創造物を慈しみ、私たちが大地（地球）という舞台の上で何を成すかを見守っています。

メッセージ

あなたがこの時代、地上に降り立ったことには意味があります。自分の中に潜む使命感や真実が、まだおぼろげなものだとしても、迷わずそれを表現する努力をしてください。だれかのドラマでなく、あなた自身のドラマを生きるために生まれてきたのです。

伊邪那岐命《いざなぎのみこと》

国土や自然神を
生み出した天空の父神

PROFILE

別名⦿伊邪那岐神《いざなぎのかみ》、伊弉諾尊、伊弉諾神
所属⦿神世七代《かみよななよ》
守護分野⦿鎮護国家
出典⦿古事記、日本書紀
キーワード⦿夫婦和合、いざなう

⛩ 伊佐須美神社（福島）、雄山神社（富山）、白山比咩神社（石川）、伊弉諾神宮（兵庫）

伊邪那美命《いざなみのみこと》と共に国土を造る

妻の伊邪那美命《いざなみのみこと》と共に、神世七代《かみよななよ》の最後に出現した神で、国生みを行った男神。日本神話の中で一番最初に出てくる夫婦の創造神で、伊邪那美命と共にいざない合って日本国土および自然神など万物を生み出しました。

『古事記』によると、伊邪那岐命と伊邪那美命は天津《あまつ》神々によって日本国土を形造るよう命じられ、天沼矛《あめのぬぼこ》を授けられました。両神は天浮橋に立ち、矛を使って大海を掻き混ぜて島（日本）を造ったといわれます。まず最初に矛の先から落ちたしずくでオノゴロ島ができ、二神はその島に天下って、天御柱《あめのみはしら》と宮殿を建てて夫婦となりました。その後、日本の島々や国土をはじめ、河川、山野、食物などあらゆる神々を生み出します。しかし、伊邪那美命は神生みの最後に火の神（火之迦具土神《ひのかぐつちのかみ》）を生み、その炎で大火傷を負い亡くなってしまいました。

妻との争いが人間の生死を生む

妻の伊邪那美命を失った伊邪那岐命は、その怒りから天之尾羽張《あめのおはばり》の剣で火之迦具土神の首を斬り落としてしまいます。その飛び散った血から、さらに何柱かの神が生まれました。伊邪那岐命はそれでも妻への思いを断ち切れず、妻を求めて黄泉国《よみのくに》へ出かけ、なんとか妻を連れ戻そうとしますが、ウジが湧き醜女となった妻の姿を見て恐ろしくなり地上に逃げ帰ってしまいます。怒った伊邪那美命は、夫を追いかけて地上と黄泉の境界で大げんか。「地上の国の民（人間）を一日に千人殺してやる」という捨て台詞を吐き、それに対して伊邪那岐命は「それなら私は一日に千五百人を生んでやる」といい返しました。このときの二神の争いが人間の生死の起源となったとされています。

混沌の中から形や生命を生み出す

黄泉国《よみのくに》から帰った伊邪那岐命は阿波岐原《あわきはら》（現在の宮崎とも福岡ともいわれている）で禊を行ない、三貴子《さんきし》である天照大御神《あまてらすおおみかみ》、月読命《つくよみのみこと》、建速須佐之男命《たけはやすさのおのみこと》ほか様々な神々を生みました。

伊邪那岐命と伊邪那美命はけんかをしつつも、最後まで「愛しい我が夫」「愛しい我が妻」と互いを呼び合い、夫婦和合の象徴となりました。二神は様々な神々と国土の父母となり、多くの神社で祀られています。

伊邪那岐命は、混沌とした中から国生みをはじめ八百万《やおよろず》の神々を生み、人間生活の基盤を築いた生命と創造を司る父神です。曖昧なものに形成のエネルギーを与える創造の男性的側面を象徴し、新しいものは常に混沌の中から生まれるということを私たちに教えてくれています。

メッセージ

わたしはすべてのものに形を与える形成のエネルギー。思考という混沌の泉には、すべての創造のエッセンスが含まれています。まず、思考に形を与えてください。あなたの思いや考えをはっきり言葉にすることで、言霊の力が地上での創造を助け、それは形を成していくでしょう。

伊邪那美命《いざなみのみこと》

黄泉国を司る
大地母神

PROFILE

別名◉伊邪那美神《いざなみのかみ》、黄泉津大神《よもつおおかみ》、伊弉冉尊、伊弉冉神
所属◉神世七代《かみよななよ》
守護分野◉鎮護国家
出典◉古事記、日本書紀
キーワード◉夫婦和合、いざなう
同一視されている神◉黄泉大神《よもつおおかみ》、道敷大神《ちしきのおおかみ》

伊佐須美神社（福島）、白山比咩神社（石川）、伊弉諾神宮（兵庫）、波上宮（沖縄）

地上の全ての営みの礎《いしずえ》を築く

伊邪那美命《いざなみのみこと》は神世七代《かみよななよ》の最後の神で、伊邪那岐命《いざなぎのみこと》と共に国生みを行い、万物を生み出した女神です。神話の中に一番最初に出てくる夫婦神の妻神で、大地母神であり、黄泉国《よみのくに》を司る女神であるともいわれています。

「いざなみ」の「いざな」はいざなうの意であり、それに「み」（女性）をつけたもの。また、別名の黄泉津大神《よもつおおかみ》は黄泉国《よみのくに》の主宰神の意味を持っています。伊邪那美命と伊邪那岐命の二神が誕生したとき、世にはまだ大地はなく、ただ大海のようなものが広がっているだけでした。二神は天津神々の命により、天浮橋に立って天沼矛《あめのぬぼこ》を海の中へと突き立て、掻き混ぜて大地を造りました。そして最初に造った島（オノゴロ島）に降り立ち、夫婦の契りを交わします。その後、数々の国土を誕生させる国生みや、地上の営みを司る多くの神々を創る神生みを行ったとされます。

大地、農耕、生殖、死を司る

伊邪那美命は日本の島々をはじめ、たくさんの神を生みましたが、最後に火の神（火之《ひの》迦具土神《かぐつちのかみ》）を生む際に大火傷をして亡くなってしまいました。火傷を負った際にもその排泄物などから土地や土器の神や水の神、食物や穀物の神など様々な神を産んでいて、その多産と生産力の強さから大地・植物・農耕・生殖の神となっています。

伊邪那美命は死後、黄泉国の住人となります。夫の伊邪那岐命は彼女を追って黄泉国へやってきますが、妻の変わり果てた姿に恐怖を抱き、逃げる際に黄泉国への入り口に大きな岩を置き、その岩越しに伊邪那美命に別離を告げました。この後、伊邪那美命は黄泉国の主宰神となり、死と再生をも司る女神になったといわれます。

生命の普遍的な真理を教える

大地・植物・農耕など、大地母神の性格を持ち大地と繋がりの深い伊邪那美命は、生成や生産と強く関わっています。同時に、黄泉国の守護者でもあり、「死」とも深い結びつきを持っています。生と死とを左右している彼女は、月とも深い関係があるようです。

両極の側面を持つ彼女のその存在は、死は全ての終わりではなく、再生という生命の営みの一過程だということを象徴しています。何かがひとつ崩壊するとき、それは次の新しい命を生み出すスタート地点でもあります。

伊邪那美命は、生と死の流れを繋ぎ、命の連鎖、循環といった普遍的な生命の真理を私たちに教えてくれているのかもしれません。

メッセージ

わたしは潜在意識に潜む、創造の源。暗闇や混沌の中で、大いなる生命を育くんでいます。夜明け前には、すべてを隠す暗闇がやってきます。闇を恐れずに、勇気を持って一歩前へと踏み出しましょう。いま、あなたの人生には新たなステージが用意されています。

大山津見神《おおやまつみのかみ》

様々な自然神を生んだ
山海の神

PROFILE

別名◉大山積神、大山祇神、和多志大神《わたしおおかみ》、酒解神《さかとけのかみ》、大山祇命
守護分野◉山、海、酒
出典◉古事記、日本書紀
キーワード◉山、やまつみ

大山阿夫利神社（神奈川）、三嶋大社（静岡）、梅宮大社（京都）、大山祇神社（愛媛）ほか、全国の三島神社、大山祇神社

偉大な父神として山海を司る

大山津見神《おほやまつみのかみ》は、伊邪那岐命《いざなぎのみこと》と伊邪那美命《いざなみのみこと》の間に生まれました。神名の「つ」は接続詞にあたり「み」は神霊の意味で、「大いなる山の神」を表しています。また別名の和多志大神《わたしおおかみ》の「わた」は海のことを指し、海の神を表します。これらから大山津見神は、山と海の両方を司る偉大な自然神とされています。

野の神である鹿屋野比売神《かやのひめのかみ》と結婚をし、土や霧、谷、峠など陸地の様々な神を生んでいます。また、足名椎神《あしなづちのかみ》・手名椎神《てなづちのかみ》をはじめ木花之佐久夜毘売《このはなのさくやびめ》、石長比売《いわながひめ》も大山津見神の子です。木花之佐久夜毘売が出産した際には大変喜び、お祝いに天甜酒《あめのたむざけ》を造り天地の神々に捧供したといわれており、酒《さか》解神《とけのかみ》ともいわれ、造酒の祖でもあります。

自然神である大山津見神は、私たちに自然の大切さと尊さをいつも教えています。

メッセージ

あなたは疲れ過ぎて調和とゆとりを欠いてはいませんか？忙しすぎたり、自分らしくいることができないときは、山や海、公園などに行き、木や大地などの自然の調和の中で過ごしてみましょう。自然体の自分を取り戻し、本来の自分に帰ることができます。

火之迦具土神《ひのかぐつちのかみ》

両親を苦しめた
火の神

PROFILE

別名⊙火之夜藝速男神《ひのやぎはやをのかみ》、軻遇突智《かぐつち》、火産霊《ほむすび》、加具土命《かぐつちのみこと》

守護分野⊙火、防火、鍛冶、陶器、窯、交通、通信ほか

出典⊙古事記、日本書紀

キーワード⊙火、変容

同一視されている神⊙秋葉権現

⛩ 秋葉神社（静岡）、愛宕神社（京都）ほか、陶器生産の町にある陶器神社や全国秋葉社

魂の変容と目覚めを促す

火之迦具土神《ひのかぐつちのかみ》は文字どおり火の神で、伊《い》邪那岐命《ざなぎのみこと》と伊邪那美命《いざなみのみこと》の子です。自ら火を出して燃えている神で、生まれ出る際、伊邪那美命のほと（陰部）を焼いてしまいます。大火傷を負った伊邪那美命は、これが原因で黄泉国《よみのくに》へと身を隠してしまいました。妻を亡くした悲しみとその原因である火之迦具土神への怒りのあまり、伊邪那岐命は我が子にも関わらず天之尾羽張《あめのおはばり》の剣で斬り殺してしまいます。このとき火之迦具土神の死体や剣の柄に付着した血、矛先から流れ落ち岩石に不着した血から、十六柱の神々が生まれました。木をもみこんだり、石を打ち合わせると発火するようになったのは、このためといわれています。

「火」は変容や永遠の象徴で「かぐ」は「輝く」こと。火之迦具土神は私たちに、魂の真実に目覚め、真の目的を持って輝いていくことを教えています。

メッセージ

わたしは古いものを焼き、浄化と再生を促す変容の炎。魂の真実を曇らせる、すべての汚れを拭い去ります。あなたの中にある罪悪感、恐れ、古い思い込みをわたしの炎の中に投げ入れ、手放してください。代わりに癒しと再生を授けましょう。

和久産巣日神《わくむすひのかみ》

尿から生まれた
五穀の神

PROFILE

別名⦿稚産霊《わくむすび》
所属⦿稲荷神
守護分野⦿食物、穀物、養蚕
出典⦿古事記、日本書紀
キーワード⦿食物、恵みへの感謝、わくむすひ

⛩ 竹駒神社（宮城）、安積国造神社（福島）、麻賀多神社（千葉）、愛宕神社（京都）

食の恵みを司り豊かさを授ける

和久産巣日神《わくむすひのかみ》は『古事記』では、伊邪那美命が火之迦具土神を生んだ際、その苦しみでされた屎尿の尿から彌都波能売神《みずはのめのかみ》と共に生まれたとされています。

神名の「わく」は若々しい、「むすひ」は生成の意味で、実をむすぶことを表しています。和久産巣日神の頭の上には桑と蚕が生じ、おへその中には五穀が生じました。その容姿からも五穀、養蚕の神、穀物の生育を司る神とされ、神社ではよくほかの食物神と共に祀られています。和久産巣日神は共に生まれた彌都波能売神と結婚をして、豊宇気毘売神《とようけびめのかみ》を授かりました。この子もまた食物の神で、伊勢神宮の外宮にお祀りされています。

五穀も養蚕も生活の安定の象徴です。和久産巣日神は私たちの暮らしに豊かさを授け、それらに感謝する心も教えています。

メッセージ

あなたが口にする、食べ物、飲み物、嗜好品に注意を向けてください。汚れた食べ物や添加物、加工品の取りすぎは、体だけでなくあなたの精神や魂の毒となり、思考力や輝きを曇らせてしまいます。悪い習慣を絶って、体の浄化を心がけましょう。

宇迦之御魂神《うかのみたまのかみ》

信仰の篤い
稲荷大社の主祭神

PROFILE

別名⊙倉稲魂尊《うがのみたまのみこと》、御饌津神《みけつかみ》、倉稲魂命

所属⊙稲荷神

守護分野⊙稲、食物、屋敷、商業、様々な民間行事

出典⊙古事記、日本書紀

キーワード⊙狐、うか

⛩ 鳥海山大物忌神社（山形）、豊川稲荷妙厳寺（愛知）、伏見稲荷大社（京都）、祐徳稲荷神社（佐賀）など、全国の稲荷社

食をとおして生命を守護する

宇迦之御魂神《うかのみたまのかみ》は『古事記』の中で、建速《たけはや》須佐之男命《すさのおのみこと》と大山津見神《おほやまつみのかみ》の娘の神大市比売《かむおおいちひめ》との子で、大年神《おおとしのかみ》を兄としています。一方『日本書紀』では、伊邪那岐命《いざなぎのみこと》と伊邪那美《いざなみの》命《みこと》が飢えて気力がないときに産まれた神とされています。神名の「うか」は穀物や食物のことで稲に宿る神霊を表し、稲や食物全ての神です。また別名「みけつかみ」の「けつ」とは古語の狐のことで、日本で最も数の多い神社、稲荷神社の総元締めである京都の伏見稲荷大社の主祭神として祀られています。稲荷神社はお稲荷さんとして広く信仰され、稲荷神のお遣いとして狐が活躍し、祀られることもあります。この狐たちがくわえたり尾に巻いている宝珠は火炎の玉で釜戸《かまど》の象徴でもあります。

宇迦之御魂神は食に関することをとおして、私たちが生きること、命そのものを守護しています。

メッセージ

食べ物の中にある精妙なエネルギーに目を向けてみましょう。栄養に満ちたよい食べ物は、物理的な体と健康を維持するだけでなく、喜びと光であなたの魂も満たし輝かせます。食べるときは感謝を忘れずに。愛と感謝は体と魂の滋養になります。

住吉三神《すみよしさんじん》

底筒之男命《そこつつのおのみこと》、中筒之男命《なかつつのおのみこと》、上筒之男命《うわつつのおのみこと》

航海、漁業、貿易などを司る海の神

PROFILE

別名◉住吉（墨江）大神、塩土老翁神、底筒男命、中筒男命、表筒男命

所属◉住吉三神、墨江三神《すみのえさんじん》

守護分野◉航海、漁業、和歌

出典◉古事記、日本書紀

キーワード◉海、つつ

⛩ 鹽竈神社（宮城）、奈加等神社（三重）、住吉大社（大阪）、住吉神社（山口）、住吉神社（福岡）ほか

伊邪那岐命《いざなぎのみこと》の禊《みそぎ》から生まれる

住吉三神《すみよしさんじん》は、黄泉国《よみのくに》から逃げ帰った伊邪那岐命《いざなぎのみこと》が、穢《けが》れを祓《はら》うために海で禊《みそぎ》を行った際に、綿津見三神《わたつみさんじん》と共に誕生した海を司る神。伊邪那岐命が禊の際に水底ですすぐと底筒之男命《そこつつのおのみこと》が、中ほどですすぐと中筒之男命《なかつつのおのみこと》が、上の方ですすぐと上筒之男命《うわつつのおのみこと》が生まれたといわれています。水底、水中、水上と、それぞれの場所で誕生した三柱の神をまとめて住吉三神と呼ばれています。

神名に共通する「つつ」の意味については、様々な説がありますが、夕月《ゆうづつ》の「つつ」が宵の明星を示すなど、星のことを指すといわれています。星は航海の進路を決定する重要な道しるべとなります。また、そのほかにも津々浦々などという場合の「津」のことを指し、船の出入りに便利な港湾を意味するという説もあります。いずれにしても住吉三神は海に関わる重要な役割を担っています。

安全な航海で新羅遠征《しらぎえんせい》を助ける

住吉三神は宗像三神《むなかたさんじん》と同様、重要な海の守り神で、古くから航海の神として霊力を発揮してきました。特に息長帯比売命《おきながたらしひめのみこと》（神功皇后）や大鞆和気命《おおともわけのみこと》（応神天皇）の時代には、朝鮮半島との戦いや、貿易において大きな活躍をしたといわれます。

中でも有名なのは神功皇后による新羅遠征《しらぎえんせい》の話。住吉三神に朝鮮半島への遠征を促された神功皇后は、軍船を率いて出征し、軍船は住吉三神の守護により朝鮮半島への航海を無事果たして新羅国を征討しました。その際に、新羅国王の宮殿の門に杖を突き刺し、住吉三神の荒魂《あらみたま》を日本を守る神として鎮め祀ったといいます。

また、凱旋した後に、住吉三神に感謝して、摂津国（大阪府）の住吉に社を建てて祀りました。

浄化と勇気を与えるオリオンを象徴

住吉三神にはほかにも、現在でいうオリオン座の三ツ星の神格化という説もあります。

あまり目印のない海上で、オリオン座の三ツ星は自分の舟の位置を知るために重要な目印だったため、それが神格化されたというのです。

ギリシャ神話でもオリオンは海神ポセイドンの息子で、悪魔や怪物を倒した勇者でした。オリオン座の三ツ星に象徴される住吉三神は、禊祓《みそぎはらえ》の神々としての一面を持ち、強い浄化の力を指すと同時に、自分の中の弱さを打ち消す力強いパワーを与える存在でもあります。

住吉三神は私たちに進むべき道を示す心の灯りとして、ネガティブなものを振り払い勇気を与えてくれるでしょう。

メッセージ

もし、あなたがいま不安や迷いにさいなまれているのなら、すぐに自分の心の奥深くに潜ってみてください。心の表面がどんなに荒れていても、心の底はいつも深海のように穏やかで、安らぎに満ちています。そこにある真実を思い出し、再び航路を進んで行きましょう。

天照大御神《あまてらすおおみかみ》

高天原を治める
太陽神であり、最高神

PROFILE

別名⊙天照坐皇大御神御魂、日前大神、西寒多大神、大日孁貴命／所属⊙三貴子《さんきし》

守護分野⊙鎮護国家／出典⊙古事記、日本書紀

キーワード⊙太陽、八尺鏡《やたのかがみ》、あまねくてらす

同一視されている神⊙卑弥呼

伊勢神宮（三重）、伊雑宮（三重）、日前神宮（和歌山）、西寒多神社（大分）、枚聞神社（鹿児島）ほか、全国の皇太神宮

三貴子《さんきし》の一柱で神々の最高位に就く

天照大御神《あまてらすおおみかみ》は、太陽を神格化した神であり、皇室の祖神といわれる女神です。『古事記』では、黄泉国《よみのくに》から戻った伊邪那岐命《いざなぎのみこと》が禊《みそぎ》をしたときに左目から生まれたとされ、同時に右目から生まれた月読命《つくよみのみこと》、鼻から生まれた建速須佐之男命《たけはやすさのおのみこと》と共に三貴子《さんきし》と呼ばれています。このとき天照大御神は、伊邪那岐命によって神々が住む高天原《たかまのはら》を治めるように指示されたとされ、八百万《やおよろず》の神々の中でもトップの地位に君臨。伊勢神宮を中心とした大和民族の信仰における最高神に位置付けられました。

別名の「ひるめ」は「日の女」の意味を持ち、太陽神に仕える巫女、または神の妻のことを指すといわれています。太陽神は本来男神であって、それに仕える巫女が太陽神と同一視され、天照大御神は女神になったのではないかという説もあります。

弟の横暴により天岩戸《あまのいわと》に隠れる

八百万の神々の中でも最高位とされ、日本の総氏神でもある天照大御神には様々な伝説があります。中でも「天岩戸隠れ《あまのいわと》」は有名な話で、弟の建速須佐之男命の高天原での乱暴ぶりに腹を立て、天照大御神は天の岩戸に閉じこもってしまいます。太陽神である彼女が岩穴にこもると、世はたちまち光を喪い、天界ばかりか地上も闇に包まれ、様々な悪行が横行し災いが巻き起こりました。

これに困った神々たちは知恵を絞り、八尺鏡《やたのかがみ》と八尺瓊勾玉《やさかにのまがたま》を岩戸の前に置き、天照大御神の気をひくために宴を催します。そして女神、天宇受売命《あめのうずめのみこと》が踊り出すと神々は一斉に笑い出し、興味をひかれた天照大御神はついに岩戸を開けて世に光が戻りました。これをはじまりとして、神道では神事に神楽が行なわれるようになったようです。

輝く光で自己の本質を理解させる

天照大御神は、豊穣をもたらす大地母神的な性格を持ちながらも、神話の中では勇ましく武装する場面も描かれ、一説には男性神であったと囁かれるように男性的なパワーを兼ね備えています。

ときにはやさしく、そしてときにはパワフルに、無限のエネルギーで私たちを照らしています。

太陽の女神としてのその輝く光は、私たちの心を照らし、私たちが「神聖な存在である」ことを思い出させてくれます。そして、私たちが本来生まれ持った、神聖な自己の本質を生きることができるよう、エネルギーを拡大し、力強くサポートしてくれているのです。

メッセージ

わたしはあまねくすべての世界の創造の光。生命と本質の無限に輝く光です。たとえあなたや周りがどんな風に考えようと、あなたは無限の可能性と光に満ちた、神聖な存在です。輝く太陽を浴びて、あなたが生まれ持った光をいま思い出し、それを輝かせてください。

月読命《つくよみのみこと》

夜の世界を支配する
暦、農耕の神

PROFILE

別名⦿月読神《つきよみのかみ》、月弓尊《つきゆみのみこと》
所属⦿三貴子《さんきし》
守護分野⦿鎮護国家、暦、農耕
出典⦿古事記、日本書紀
キーワード⦿月とその化身である「八尺瓊勾玉《やさかにのまがたま》」、月読み（月齢）
同一視されている神⦿建速須佐之男命《たけはやすさのおのみこと》

⛩ 月山神社（山形）、月読荒魂宮（三重）、月夜見宮（三重）

月にまつわる神秘的な力を神格化

月読命《つくよみのみこと》は、月と夜の世界を支配している男神。伊邪那岐命《いざなぎのみこと》が黄泉国《よみのくに》より帰った際に、川で右目を洗ったときに生まれた、三貴子《さんきし》の一柱とされています。伊邪那岐命は、三貴子の誕生を喜び、天照大御神《あまてらすおおみかみ》に高天原《たかまのはら》の支配を、月読命には夜の世界の支配を、建速須佐之男命《たけはやすさのおのみこと》には地上と海の世界の支配を命じたといわれます。

月読命の神名は「月を読む」で、月の満ち欠けを支配するという意味があります。また、「よみ」は月の満ち欠けを教えるという意味で、暦を読むことと関係しています。古代の人々は、太陽と共に月を観測し、その周期を数えることによって四季の変わり目や、農作業の区切り、魚の産卵期などを知っていました。このことから月読命は、農耕の神、漁猟の神とされ、また、月の神秘的な霊力が神格化され崇められたのではないかともいわれています。

姉との仲違いで昼と夜が生まれる

月読命は、偉大なる三貴子の一神でありながらもほかの神々と比べて存在感は薄く、神話の世界でもあまり目立った活躍はしていません。有名なエピソードとしては、天照大御神との仲違いの話が残っています。

月読命があるとき天照大御神の遣いで五穀豊穣の女神である大宜都比売神《おおげつひめのかみ》を訪ねた際、大宜都比売神は喜んで口から吐き出した様々な食物でもてなそうとします。しかし、それを見た月読命は、「何て汚いことをするのか」と怒り、いきなり大宜都比売神を斬り殺してしまいました。天照大御神はその月読命の乱暴な行為に怒り、不仲になって二神は永遠に別々の世界に住むことになります。このことから、昼と夜が生まれたといわれます。

バランス、普遍的な創造性を与える

月読命は、月の世界を支配する神秘的な一面を持った神です。世界の神話では、太陽の神は男性、月の神は女性とされることが多いため、この神も実は女性神だったのではないかともいわれます。月はまた潜在意識との結びつきが強く、霊力や神秘性を表します。このことから月読命は男性でありながら、女性的な側面を持ち、男性性と女性性のエネルギーをバランスよく備えた神秘的な神としての姿が伺い知れます。

また、月の満ち欠けは、不老不死や若返りといったキーワードとも結びつきます。私たちの中の男性性（陽）と女性性（陰）のエネルギーのバランスをとりながら、若々しい表現力や普遍的な創造性を与えてくれているのです。

メッセージ

光のあるところには必ず影が存在します。影（闇）のないところに光が存在しないように、光と影は表裏一体。影はすべてを含み、すべての生命の種もここに存在します。いま、あなたの中で神秘の扉が開かれます。そこで生まれた新しい感覚、動機を信じましょう。

建速須佐之男命《たけはやすさのおのみこと》

出雲国を治めた
地上と海原の神

PROFILE

別名⦿素戔嗚尊《すさのおのみこと》、須佐之男命、櫛御気野命、素盞嗚尊

所属⦿三貴子《さんきし》

守護分野⦿鎮護国家、病気平癒、家内安全

出典⦿古事記、日本書紀

キーワード⦿力、草薙剣《くさなぎのつるぎ》、嵐

⛩ 氷川神社（埼玉）、熊野大社（島根）、石上布都魂神社（岡山）、素盞嗚神社（広島）ほか、全国の氷川神社、八坂社、天王社、祇園社

乱暴な素行から天を追放される

建速須佐之男命《たけはやすさのおのみこと》は、荒々しい性格で知られる地上と海原を支配する神。伊邪那岐命《いざなぎのみこと》が黄泉国《よみのくに》から帰った際、禊祓《みそぎはらえ》により鼻をすすいだときに生まれた、三貴子《さんきし》の中の一柱です。

父である伊邪那岐命は、三貴子を得たとき、天照大御神《あまてらすおおみかみ》に高天原《たかまのはら》を、月読命《つくよみのみこと》に夜の国を、建速須佐之男命に海原をそれぞれ分担して治めるように命じました。しかし、建速須佐之男命は母である伊邪那美命《いざなみのみこと》のいる国に行きたいと、その命に従わずに任務を放棄。その後、姉である高天原の天照大御神を訪ねますが、警戒された姉との誓約により姉の持ちものから五男神をもうけます。誓約に勝った建速須佐之男命は、そこで乱暴の限りをつくし、高天原の神々から罰として髪と爪を切られてしまい、ついには高天原からも追放されてしまいました。

地上で悪神から善神へと転化

建速須佐之男命は、天上ではその乱暴ぶりから悪神のレッテルを貼られてしまいますが、魅力的な個性を持ち、多くの伝説や逸話が残っています。

中でも有名なのは、八岐大蛇《やまたのおろち》退治の話です。天上で乱暴の限りを尽くして高天原を追放された建速須佐之男命は、出雲国に降り、嘆き悲しむ足名椎神《あしなづちのかみ》、手名椎神《てなづちのかみ》の老夫婦と美しい娘、櫛名田比売《くしなだひめ》と出会います。そこで櫛名田比売が恐ろしい八岐大蛇の生け贄になることを聞き、見事にその怪物を退治して櫛名田比売と結婚しました。そのとき八岐大蛇の尾から出てきたのが皇位の印となる「三種の神器」のひとつである「草薙剣《くさなぎのつるぎ》」であるといわれています。

強大なパワーで災いを斬り落とす

大蛇退治を行ない、一躍英雄となった建速須佐之男命は、それまで行なった数々の悪行の象徴から、見事に頼もしい善神へと変身。幸せな家庭を築き、出雲の国を統治しながら多くの子孫を残して、生命の守護と国造りに携わりました。

建速須佐之男命はこのように不思議な二面性を持ちながら、大きな守護力と影響力を持つ神です。そのパワフルなエネルギーは、災いや疫病を鎮める疫神としても知られ、強い浄化力で私たちを守護してくれます。
私たちが抱える様々な恐怖や不安を建速須佐之男命がばっさりと斬り落とし、本来持つ力に目覚める手助けをしてくれるでしょう。

メッセージ

あなたの中の二面性を大事にしてください。陽気さと力強さ、やさしさや慈悲心、受容性。これらの美しい側面はすべてあなたの中にあり、人生を創造する大切な道具となります。いま、あなたが持っている奥深さを感じてください。そして不要なものを手放しましょう。

活力の根源とされる神

宇摩志阿斯訶備比古遅神《うましあしかびひこぢのかみ》

天地がもやもやと分かれ、まだ油のように柔らかい大地から活力の神として生まれたのが、宇摩志阿斯訶備比《うましあしかびひ》古遅神《こぢのかみ》でした。葦《あし》の芽がむくりと起きあがり、それが萌えあがるように生まれました。「うまし」とは美しいもの、善いものの意味で、「あし」は葦、「かび」は黴と同源で醗酵するもの、芽吹くものを意味します。「萌えたちのぼる力」という意味の神名を持つ万物の生命力を神格化した神で、活力を司るようです。

PROFILE

別名⦿宇摩志阿斯訶備比古遅神《うましあしかびひこぢのみこと》

所属⦿別天神五柱

守護分野⦿鎮護国家

出典⦿古事記、日本書紀

キーワード⦿活力、うまし

物部神社（島根）、浮島神社（愛媛）

豊穣なる大地を築いた神

豊雲野神《とよくものののかみ》

国之常立神《くにのとこたちのかみ》の次に生まれた独神《ひとりがみ》で、「豊かな雲に覆われた野」または「雲に覆われた豊かな野」といった意味を持つ大地の神です。豊富な水の供給や植物の豊穣を連想させる、豊かに富み足りた国の意味であるといえます。天地開闢《てんちかいびゃく》の後も浮き漂っていた天地は、次第に集まって固まり、国の礎となる大地が築かれました。その大地を生命が満ち溢れる豊穣で安定した土地の状態へと変えたのが、豊雲野神のようです。

PROFILE

別名⦿豊斟渟尊《よくむぬのみこと》
所属⦿神世七代《かみよななよ》
守護分野⦿鎮護国家
出典⦿古事記、日本書紀
キーワード⦿大地、豊穣

⛩ 御嶽神社（東京）、十二神社（奈良）、岩根神社（島根）

定かでない形で生まれた福の神

水蛭子《ひるこ》

伊邪那岐命《いざなぎのみこと》と伊邪那美命《いざなみのみこと》が天よりオノゴロ島に降り立ち、最初に生んだ神が水蛭子《ひるこ》です。二柱の最初の交わりはうまくいかず、水蛭子は手足が無く形も定かではない状態で生まれました。三年経っても足が立たず、水蛭《ひる》のようであったので、葦の船に乗せられて流されてしまいます。その後、摂津国の西宮に流れ着き、戎三郎という福をもたらす神となりました。もとは、縄文の太陽神であったともいわれています。

PROFILE

別名◉蛭子神《ひるこのかみ》、蛭子命《ひるこのみこと》

守護分野◉豊漁守護、海上安全、商売繁盛

出典◉古事記、日本書紀、源平盛衰記

キーワード◉海、福

同一視されている神◉恵比寿神

⛩ 蛭子神社（神奈川）、西宮神社（兵庫）

鉱山や金属を守護する一対の神

金山毘古神《かなやまびこのかみ》・金山毘売神《かなやまびめのかみ》

金山毘古神《かなやまびこのかみ》と金山毘売神《かなやまびめのかみ》は、伊邪那美命《いざなみのみこと》が火之迦具土《ひのかぐつちの》神《かみ》を生んだ際にほと（陰部）が焼けて苦しみ、嘔吐したものから生まれた神です。鉱業・鍛冶など金属に関する技工を守護する民族神で、各地に神社や小さな祠があるほか、製鉄所などに祀られています。金山毘古神たちの子とも同一神ともされる金屋子神も、やはり金属に関する神です。民衆からの敬慕は厚く、金山毘古神と同様の神社に祀られています。

PROFILE

別名⦿金山彦大神
守護分野⦿金属関係、縁結び、安産、子宝、性病、婦人病
出典⦿古事記、日本書紀
キーワード⦿金属、男根
同一視されている神⦿金屋子神

金山神社（神奈川）、南宮大社（岐阜）ほか、全国の金山神社や製鉄所

土を司る自然神

波邇夜須毘古神《はにやすびこのかみ》・波邇夜須毘売神《はにやすびめのかみ》

波邇夜須毘古神《はにやすびこのかみ》と波邇夜須毘売神《はにやすびめのかみ》は、金山毘古神《かなやまびこのかみ》と同様、伊邪那美命《いざなみのみこと》が火之迦具土神《ひのかぐつちのかみ》を生んだ苦しみでされた屎尿《しにょう》の屎から生まれた神です。神名の「はにやす」とは粘土を練って柔らかくすることで、埴輪作りや赤土のことを意味します。埴輪や祭器、陶磁器の祖神であり土に関係が深く、土の神、田畑の土壌を守る神、肥料の神とされています。地鎮祭《じちんさい》では、土の神としてほかの神と共に祀られています。

PROFILE

別名⦿埴山彦神《はにやまひこのかみ》、埴山姫神《はにやまひめのかみ》

守護分野⦿埴輪、陶磁器、祭器、粘土、土、田畑の土壌、肥料

出典⦿古事記、日本書紀

キーワード⦿土、はにやす

今城青坂稲実池上神社（埼玉）、愛宕神社（京都）

水を司る女神

彌都波能売神《みずはのめのかみ》

彌都波能売神《みずはのめのかみ》は波邇夜須毘古神《はにやすびこのかみ》たちと同時に生まれた神で、伊邪那美命《いざなみのみこと》の尿から生まれました。「みずはのめ」とは水が這う、伝う、という意味で、灌漑《かんがい》に使う引き水のことともいわれ、水の女神です。また、波邇夜須毘古神たちと共に肥料の神でもあります。主祭神として奉る神社はあまりありませんが、各神社の中の水神として奉られ、漁師さんたちが漁に出る前にお詣りをするなど、篤い崇敬を受けています。

PROFILE

別名◉罔象女神《みつはのめのかみ》、水波能売命

守護分野◉水、肥料

出典◉古事記、日本書紀

キーワード◉水、みづ

神田明神内日本橋魚河岸水神社（東京）、丹生川上神社上社（奈良）

悲しみを癒してくれる女神

泣澤女神《なきさわめのかみ》

伊邪那美命《いざなみのみこと》は火之迦具土神《ひのかぐつちのかみ》を生むと、ほと（陰部）が焼けお隠れになりました。伊邪那岐命《いざなぎのみこと》は、それを大変悲しまれ、大泣きに泣かれるのですが、その涙から生まれたのが泣澤女神《なきさわめのかみ》です。「なきさわめ」の「なき」は泣くこと、「さわ」は悲しむ形容で、愁傷そのものを意味し、悲しみや葬儀を守護する神です。古くは葬式に泣くことで魂を呼び戻すと信じられ、この行為が神格化されたのが泣澤女神だとも考えられています。

PROFILE

別名⦿啼沢女命《なきさわめのみこと》、哭沢女命

守護分野⦿悲しみ、葬儀

出典⦿古事記、日本書紀

キーワード⦿涙、なきおんな

畝傍都多本神社（奈良）、藤並神社（和歌山）

風を司る自然神

志那都比古神《しなつひこのかみ》

伊邪那岐命《いざなぎのみこと》の吐く息より生まれた風の神といわれています。古来、風は神の息から起きると考えられていました。風は稲作に欠かせない重要な恵みですが、台風などの暴風は家屋や作物をなぎ倒すため、大変な脅威でもありました。これを鎮めるために、風の神が祀られるようになりました。志那都比古神《しなつひこのかみ》は、風が吹き抜ける小道や、航海安全の神として祀られています。また風邪を治す神ともされています。

PROFILE

別名◉級長戸辺命《しなとべのみこと》

守護分野◉風、風邪、航海安全

出典◉古事記、日本書紀

キーワード◉風、しな

⛩ 神威神社（北海道）、級長戸辺神社（富山）、伊勢神宮内風の宮（三重）、竜田大社（奈良）

お正月にやってくる来方神

大年神《おおとしのかみ》

大年神《おおとしのかみ》は建速須佐之男命《たけはやすさのおのみこと》と神大市比売《かむおおいちひめ》の間に生まれた子です。大年神にはたくさんの子がおり、田や水、庭など様々な自然神に化身しています。もともと「とし」とは稲を意味する単語で、正月にその年の豊作を祈ったことが、大年神を祀る発端となりました。やがてその祭事は正月の中心行事となり、今では民族神として親しまれています。また、大年神は家を守る祖先の霊として祀る地方もあります。

PROFILE

別名◉お歳徳《とんど》さん、恵方神、年殿《としどん》、年爺さん、若年さん　ほか
守護分野◉新年、田んぼ、稲、祖霊、家庭
出典◉古事記、日本書紀
キーワード◉正月、とし

葛城御歳神社（奈良）ほか、西日本の田んぼの畔の祠など

コラム①日本の代表　伊勢神宮と式年遷宮祭

日本神話の最高神である天照大御神が祀られ、日本人にとって特別の聖地である伊勢神宮。

古くから「お伊勢様」の呼び名で親しまれ、伊勢参りは多くの人々の憧れでした。

正式名称は伊勢神宮ではなく「神宮」であり、三重県伊勢市に鎮座する「皇大神宮《こうたいじんぐう》（内宮《ないぐう》）」と「豊受大神宮《とようけだいじんぐう》（外宮）」の二宮を中心に、別宮《べつぐう》、摂社《せっしゃ》、末社《まっしゃ》、所管社《しょかんしゃ》を合わせた計百二十五社を全て含めた総称となります。

本来、神宮という呼び名は伊勢の神宮のみを指していましたが、伊勢以外にも神宮ができたため、ほかと区別するために「伊勢神宮」と呼ばれるようになりました。

伊勢神宮では年間を通じて様々な祭典や恒例式が行われ、皇室の大祭である「神嘗祭《かんなめさい》」はその年の収穫物を天照大御神に奉り、一年の実りと暮らしに感謝する大切な儀式。中でも最重要祭典は「式年遷宮祭《しきねんせんぐうさい》」で、神宮の中心である正殿はじめ百二十五社の諸殿舎全てを二十年に一度建て替え、遷座する大がかりな儀式です。

この遷宮の根本精神は「神のよみがえり」「生命のよみがえり」で、二十年ごとに社殿等を改めることで清浄を保って神を敬い、厳粛に祭りをとり行う。この定期的な繰り返しこそがまさに日本文化の継承であり、ここ日本という国の安寧に繋がる大切な伝統となっています。

伊勢神宮
式年遷宮標語

第二章
高天原

伊邪那岐命がお生みになった神、
天照大御神と建速須佐之男命
が高天原で繰り広げる
有名な神話です。

この章に関係する主な神々

- 伊邪那岐命《いざなぎのみこと》 ＝ 伊邪那美命《いざなみのみこと》
  - 大宜都比売神《おおげつひめのかみ》
- 伊邪那岐命《いざなぎのみこと》の子
  - 天照大御神《あまてらすおおみかみ》
    - 正勝吾勝勝速日天之忍穂耳命《まさかつあかつかちはやひあめのおしほみみのみこと》
    - 天之菩卑能命《あめのほひのみこと》
    - 天津日子根命《あまつひこねのみこと》
    - 活津日子根命《いくつひこねのみこと》
    - 熊野久須毘命《くまのくすびのみこと》
  - 月読命《つくよみのみこと》
  - 建速須佐之男命《たけはやすさのおのみこと》
    - 宗像三神《むなかたさんじん》
      - 多紀理毘売命《たきりびめのみこと》
      - 市寸嶋比売命《いちきしまひめのみこと》
      - 多岐都比売命《たぎつひめのみこと》

天岩戸から天照大御神を出した神々

思金神《おもいかねのかみ》　天宇受売命《あめのうずめのみこと》　天手力男神《あめのたぢからおのかみ》

天児屋命《あめのこやねのみこと》　布刀玉命《ふとだまのみこと》　伊斯許理度売命《いしこりどめのみこと》

天津麻羅《あまつまら》

青……男神　赤……女神　＝……夫婦

姉弟の誓約《うけい》

伊邪那岐命《いざなぎのみこと》は三貴子《さんきし》をお生みになると、天照大御神《あまてらすおおみかみ》には高天原《たかまのはら》を、月読命《つくよみのみこと》には夜の世界を、建速須佐之男命《たけはやすさのおのみこと》には海の国をそれぞれ治めるようにといわれました。しかし、建速須佐之男命だけは海の国を治めるどころか、毎日激しく泣き叫び、その泣き声で海や川は干上がり、草木は枯れてしまうほどでした。そこで、伊邪那岐命は建速須佐之男命に、「あなたは、なぜ泣いてばかりなのか」と尋ねられたところ、建速須佐之男命は「根の国にいる母に会いたいと思い、泣いている」と答えられたので、伊邪那岐命は腹を立てられ、建速須佐之男命を高天原から追放してしまわれます。建速須佐之男命は、それならば……と、姉の天照大御神にご挨拶をしてから、母に会いに根の国へ行こうと旅立たれたのでした。

建速須佐之男命が高天原にお上りになると、山川はみな動き、国土は揺らいだので、天照大御神は、自分が治める高天原を奪いにくるのだと勘違いをなさってしまいます。すっかり武装をされた天照大御神の前に到着された建速須佐之男命は、真実を伝えるのですが一向に信じてはもらえません。そこで二柱の神は天の安川の両岸に立たれ、神に誓いを立てて子を生み、身の潔白を証明することにしました。このとき、天照大御神が建速須佐之男命の剣から三柱の女神、宗像三神《むなかたさんじん》をお生みになり、建速須佐之男命は天照大御神の勾玉や髪飾りから正勝吾勝勝速日天之忍穂耳命《まさかつあかつかちはやひあめのおしほみみのみこと》や天之菩卑能命《あめのほひのみこと》など五柱の男神をお生みになりました。

建速須佐之男命は自分の持ち物から、やさしい女神が生まれたことで、謀反の心がないことを見事に証明されたのでした。

天岩戸《あまのいわと》隠れ

天照大御神に勝った建速須佐之男命は、図にのって狼藉を働き、天照大御神が大切にされていた田や御殿を穢してしまいます。最初は大目にみていた天照大御神も、ついにお怒りになり天岩戸を開いて中にお隠れになりました。

光を失った高天原は一大事です。天照大御神に戻っていただくため、思金神《おもいかねのかみ》が知恵を振るいます。天児屋命《あめのこやねのみこと》や布刀玉命《ふとだまのみこと》、伊斯許理度売命《いしこりどめのみこと》、天津麻羅《あまつまら》もその知恵に力を貸します。岩戸の前で天宇受売命《あめのうずめのみこと》が踊ると、何事かと思った天照大御神は、岩戸を少し開いて外の様子を伺いました。最後は力持ちの天手力男神《あめのたぢからおのかみ》が、えいっとばかりに天照大御神を外へ連れ出され、無事、高天原に光が戻ったのでした。

宗像三神《むなかたさんじん》

多紀理毘売命《たきりびめのみこと》、市寸嶋比売命《いちきしまひめのみこと》、多岐都比売命《たぎつひめのみこと》

航海を見守る
美しき海の女神たち

PROFILE

別名⦿宗像三女神、田心姫命、湍津姫命、市杵島姫命、狭依姫命／所属⦿宗像三神

守護分野⦿海、航海、音楽、美術、美容ほか

出典⦿古事記、日本書紀

キーワード⦿海、水

同一視されている神⦿弁財天

⛩ 日光二荒山神社（栃木）、伊射波神社（三重）、厳島神社（広島）ほか、全国の弁天社

地方神から中央の重要神に

宗像三神《むなかたさんじん》は、天照大御神《あまてらすおおみかみ》と建速須佐之男命《たけはやすさのおのみこと》との誓約《うけい》によって生まれた三姉妹の海の女神。宗像三神とは、長女の多紀理毘売命《たきりびめのみこと》、次女の市寸嶋比売命《いちきしまひめのみこと》、三女の多岐都比売命《ひたぎつめのみこと》の三神の総称で、宗像大社（福岡）や厳島神社（広島）に祀られています。

日本の代表的な海の神で、天孫降臨《てんそんこうりん》の際に天照大御神からその道中の安全を守護するようにと命じられ、そこから航海や海上安全、交通安全の神として信仰されるようになりました。

この三神は元々、北九州地方の海人集団・宗像氏の祭神であったといわれています。四世紀末頃に、朝鮮半島や中国大陸との貿易が盛んになるにつれて、当時の大和朝廷から重要視されるようになり、航海の守護神として重要な神となり、信仰が全国に広がっていったとされます。

次女は弁天様と同一視される

美女神として誉れの高い宗像三神ですが、中でもとりわけ美人とされ人気が高いのが、次女の市寸嶋比売命。神名には「神に斎《いつ》く島」の意味があり、厳島神社の名もここからきたと考えられます。また神仏習合では、仏教の弁財天と同一神とされ、弁財天としては財宝の神、美の神、芸能の神といわれています。

長女の多紀理毘売命は、「霧」や「激しい流れ」といった意味を持つ、三姉妹のリーダー的存在の女神。後に、日本の基礎を築く大国主神《おおくにぬしのかみ》と結婚し、二神を生んだとされます。また、三女の多岐都比売命の神名には、多紀理毘売命と同じ意味があり、いずれも水の流れる様子や海の力に関わる重要な水の神様として崇められています。

大海のごとく人々の内面を見守る

宗像三神は、いずれも海の神秘的なエネルギーが神格化された女神です。
心理学で海は、感情や欲望、初源の生命（集合的無意識）、潜在的な力や才能などを意味します。三神は、三次元的な意味での航海を守っているだけではなく、こういった無意識レベルの海の守護神としても、私たちを見守り、導いてくれています。

無意識下の感情の状態を見守り、私たちが本来持つ生命の豊かさや輝き、無限の可能性や創造性を発揮するのを手助けしてくれます。また、ときには激流をもたらして私たちの心や感情に溜まったよどみを流すことで浄化を促し、真実や英知などに気づかせてくれるのです。

メッセージ

日々の感情にもっと意識的になってください。流れるように浮かんでは去っていく、さまざまな感情や思考。そのひとつひとつは大きなエネルギーを持ち、あなたに影響を与えています。心のよどみを洗い流し、不要な感情を整理することで喜びが沸いてきます。

思金神《おもいかねのかみ》

知恵と思慮
創意工夫などを司る神

PROFILE

別名⦿思兼命《おもいかねのみこと》、八意思兼神《やごころおもいかねのかみ》、八意思兼命

守護分野⦿知恵

出典⦿古事記、日本書紀

キーワード⦿知恵、おもいかね

同一視されている神⦿天児屋命

⛩ 静神社（茨城）、秩父神社（埼玉）、気象神社（東京）、阿智神社（長野）

高天原《たかまのはら》一の知恵者として活躍

思金神《おもいかねのかみ》は、天地のはじめに高天原《たかまのはら》に現れた造化三神の一柱である高御産巣日神《たかみむすひのかみ》の子で、知恵や創意工夫、工匠などを司る聡明で思慮深い神です。神名の「おもいかね」という名には、「おもい」=「思慮」、「かね」=「兼ね備える」という意を含み、数人の思慮を一身に兼ね備えるという意味を持っています。また、別名の八意思兼神《やごころおもいかねのかみ》にみる、「やごころ」というのは、多くの知恵、意見という意味が含まれています。これらの神名からは、この神がいかに知恵者であるかということが伺えます。

思金神は、大いなる知恵の力を使って、優れた参謀の役割を果たしていました。その見事な才は、ほかの多くの神々からも大きな支持を受けていて、天孫降臨《てんそんこうりん》をはじめ、高天原での重要な事案には、必ずこの神様の意見が尊重されたといわれています。

天岩戸《あまのいわと》隠れの立役者となる

思金神の優れた参謀ぶりを示す伝記は様々ですが、その中でも最も有名なものは天照大《あまてらすおお》御神《みかみ》の天岩戸《あまのいわと》隠れのエピソードではないでしょうか。

高天原での建速須佐之男命《たけはやすさのおのみこと》の乱暴ぶりに怒った天照大御神が天岩戸に隠れてしまったとき、世界は暗黒に包まれてしまい、天地では様々な災いや混乱が起こりました。困り果てた神々は岩戸の前に集まり、どうしたら天照大御神を岩戸から出すことができるかを、知恵者の思金神に相談しました。そこで彼は知恵をしぼって周到な計画を立て、盛大な祭りを実行し、岩戸開きを見事に成功させました。

また、国譲《くにゆず》りでは、葦原中国《あしはらのなかつくに》に派遣する神の選定を行い、その後の天孫降臨では邇邇芸《ににぎの》命《みこと》に随伴しています。

観念や知恵をコントロール

このように、思金神は高天原の神々の中でも格別の知識と思慮を備えた賢者です。力ではなく「知恵」という特別な天賦を与えられた彼は、日本の神々の大多数をしめる自然神と比べて異質な存在でした。

自然神に対し、産巣（むすび＝生命力）、言霊（言葉）、知恵、力のような観念や神の働きなどを神格化した神は、いわゆる観念神といわれる特別な存在です。観念神としての思金神の役割は、人間の観念や霊の働きやその力などを管理・支配することです。私たちの中で眠る大いなる知恵を呼び覚ますことを助け、そして、様々な問題を解決するアイデアをもたらしてくれるでしょう。

メッセージ

あなたの内側に存在する、大いなる知恵が目覚めるときを迎えました。自分を知り、自分らしくあることへの信頼を取り戻しましょう。あなたの創造性を邪魔している、思い込みや古い観念を手放したとき、新しいアイデアや知恵が湧き出るように浮かんでくるでしょう。

天宇受売命《あめのうずめのみこと》

天岩戸の物語で
活躍した芸能の神

PROFILE

別名⊙天鈿女命《あめのうずめのみこと》

守護分野⊙踊り、巫女、芸術、懐柔、夫婦和合

出典⊙古事記、日本書紀

キーワード⊙巫女、おどり

同一視されている神⊙たふく、おかめ

⛩ 志波姫神社（宮城）、佐倍乃神社（宮城）、椿大社内天鈿女社（三重）、千代神社（滋賀）、天手長男神社（長崎）、荒立神社（宮崎）

パワフルな踊りで神々も熱狂

天宇受売命《あめのうずめのみこと》は、古代より朝廷の祭祀に携わってきた氏族のひとつ、猿女君《さるめのきみ》の祖神とされる神楽と芸能の女神です。神名の「宇受」は「かんざし」の意で、かんざしや櫛などは神霊を宿す依代《よりしろ》であったことから、「飾りをして神祭りをする女神」、さらには神懸った巫女を神格化したものともされています。

天宇受売命は、天岩戸《あまのいわと》神話で天照大御神《あまてらすおおみかみ》が天の岩戸に身を隠したときに、彼女を外に出すことに貢献した重要な神です。天照大御神が天岩戸に隠れて世界が暗闇となったとき、神々たちは相談して岩戸の前で様々な儀式を行いました。その際、天宇受売命は天照大御神の気をひくために熱狂的な踊りを披露し、ついには彼女を外に誘い出すことに成功。神事芸能のルーツとされ、舞楽や芸能の神として親しまれています。

邇邇芸命《ににぎのみこと》の天孫降臨《てんそんこうりん》に随行

天宇受売命は天岩戸での活躍の後、天照大御神の厚い信頼を得て側近として仕え、天《てん》孫降臨《そんこうりん》の際に、邇邇芸命《ににぎのみこと》に随行して地上に降りることとなりました。その途中で国津神《くにつ》、猿田毘古神《さるたびこのかみ》との運命的な出会いがあり、これが縁で二神は結ばれて結婚します。

天孫降臨の途中、道が八方に分かれるところに明るく照らす神がいました。天照大御神は天宇受売命にその名を問うように命じられ、問いただすとその神こそが国津神の猿田毘古神であり、天孫一行の道案内をするために迎えにきたと述べたとされています。その後、二神は猿田毘古神の故郷である伊勢国に向かい、猿女君の祖神となったといわれています。

闇や道を照らす太陽のような存在

天宇受売命の夫である猿田毘古神は、天孫降臨の案内役として自ら道を照らしたりしたことから、村境や道路の分岐点などに立てられる道祖神ともされています。天照大御神に仕えた二神は人々の心の闇や道を照らす、太陽神のような存在にもたとえられます。

天宇受売命は、一心不乱に演技を披露して多くの神々を笑わせたように、何かに熱中することで自分が持つ本来の創造性と繋がり、それを表現する大切さを教えてくれています。

この女神に倣って、私たちが情熱のエネルギーを使って心から楽しみ、没頭するとき、生まれ持つ本来の輝きを取り戻すことができるのです。

メッセージ

こだわりを持ち続けている思考や感情を開放して、自分の中の知恵やパワーと深く繋がりましょう。あなたが夢中になれるもの、情熱を感じるものを探して、それに没頭してください。情熱のエネルギーは、あなたが本来持つ輝きや才能を呼び覚ましてくれるでしょう。

天手力男神《あめのたぢからおのかみ》

天岩戸を開いた
力とスポーツの神

PROFILE

別名⦿天手力雄神《あめのたぢからおのかみ》、天手力男命
守護分野⦿力、筋力、スポーツ
出典⦿古事記、日本書紀
キーワード⦿力、たぢからお

⛩ 雄山神社（富山）、戸隠神社（長野）、手力雄神社（岐阜）、戸明神社（福岡）、天手長男神社（長崎）

天照大御神《あまてらすおおみかみ》を天岩戸《あまのいわと》から連れ出す

天手力男神《あめのたぢからおのかみ》は、天岩戸隠れ《あまのいわと》のときに天岩戸の扉を開けて天照大御神《あまてらすおおみかみ》を引き出したことで知られる力の神です。「たぢからお」とは「手の力の強い男」の意味を持ち、人間の筋力に宿る霊を神格化。比類なき腕力を持つ力の神として広く親しまれてきました。

天岩戸神話では、岩屋の中に隠れた天照大御神を引き出そうと神々によって様々な催しが開かれました。天宇受売命《あめのうずめのみこと》の踊りによる宴の盛り上がりに興味を示し、天照大御神がわずかに岩戸を開けて覗き込んだ際に、岩戸の重い扉を引き開けて、直接、天照大御神の手を取って岩戸の外に連れ出した神こそが天手力男神です。

伊勢の皇太神宮では、彼が活躍したこの天岩戸の神話にちなんで、天照大御神と共に天手力男神が祀られたといわれています。

九州から信濃へ移り住む

天岩戸でその手腕を天照大御神に認められたためか、天手力男神は天孫降臨の際、天《あめの》児屋命《こやねのみこと》・布刀玉命《ふとだまのみこと》・天宇受売命・伊斯許理度売命《いしこりどめのみこと》・玉祖命《たまのおやのみこと》の五神に加え、思金神《おもいかねのかみ》、天石門別神《あまのいわとわけのかみ》と共に邇邇芸命《ににぎのみこと》に随行しています。

さて、別の伝説によると、天手力男神は天岩戸の扉を開けた後、その戸を放り投げるとその戸は地にある信濃国の戸隠村に落ちたとされています。彼はそこが自分の住む場所と決めて、天孫降臨で九州に降りた後、信濃国の戸隠村にやってきてそこを定住の地としたようです。この伝説から、天手力男神は戸隠神社の主祭神として祀られるようになりました。

物理的次元を超えた力の可能性

神話の中では、力の神として彼の怪力ぶりばかりが注目されてしまいがちですが、天手力男神は筋力を鍛え、それを生かす技術を含めた、広い意味でのパワーを与えてくれる神でもあります。

スポーツの世界では、しばしば鍛えられた筋肉を華麗に使いこなし、神業とも思える技を披露し、驚異的な記録を生み出して観客を魅了することがありますが、天手力男神はそうしたスポーツの守護神としても、よく知られています。

力はまた物理的な筋力のみを指すわけではありません。何かを成すときには、知性によるしなやかな力も必要です。天手力男神は物理的な観点を超え、知性としての肉体の可能性や真の力の存在を教えてくれます。

メッセージ

神や人間が持つ、真の力とはなんでしょうか。力は相手や誰かを打ち負かすためのものではありません。知性や思いやり、愛の中には、しなやかで無限の可能性を持った創造的なパワーが備わっています。あなたの中の真の力と繋がり、創造性を発揮してください。

天児屋命《あめのこやねのみこと》

美辞に長けた
祝詞の祖神

PROFILE

別名⦿天児屋根命《あめのこやねのみこと》、天児屋根大神
守護分野⦿祝詞、出世
出典⦿古事記、日本書紀
キーワード⦿祭祀、祝詞
同一視されている神⦿思金神、大鳥連祖神

⛩ 大原野神社（京都）、吉田神社（京都）、牧岡《ひらおか》神社（大阪）、大鳥大社（大阪）、春日大社（奈良）

祝詞《のりと》を操り、言葉の霊を司る

天児屋命《あめのこやねのみこと》は、祝詞《のりと》や祭祀を司る中臣《なかとみ》氏の祖先神。神名の「こやね」は「小さな屋根（の建物）」の意味で、託宣の神の居所のことを指し、言霊の神、祝詞の祖神とされています。

天岩戸《あまのいわと》の神話では岩戸隠れの際に、岩戸の前で祝詞を読み上げ、天照大御神《あまてらすおおみかみ》が岩戸をわずかに開いたときに布刀玉命《ふとだまのみこと》と共に鏡を差し出したとされます。『日本書紀』によると天照大御神にその美辞を賞《め》でられたとされ、祝詞のうまさはお墨付きです。また、天孫降臨の際には、邇邇芸命《ににぎのみこと》に随伴し、中臣連《なかとみのむらじ》らの祖神となったとされています。

天児屋命は神前で唱える祝詞を操り、言葉の霊を司る言霊の神です。祝詞は神に捧げる言葉であると共に、神の言葉を託した神聖な霊力を宿しています。心の声は、神の声でもあると彼は教えています。

メッセージ

日常口にする言葉や心の声に関心を持ってください。あなたが口にする言葉は、大きなエネルギーを持ち、あなたの人生を創造しています。ネガティブな言葉を口にするのを避け、愛に満ちたポジティブな言葉を使い、望む人生を創造しましょう。

布刀玉命《ふとだまのみこと》

岩戸を封印した
占いの神

PROFILE

別名◉天太玉命、大麻比古神、太玉命《ふとだまのみこと》
守護分野◉神事、占い
出典◉古事記、日本書紀
キーワード◉玉造り

⛩ 安房神社（千葉）、大原神社（千葉）、大麻比古神社（徳島）

頭脳明晰で機知に富む

布刀玉命《ふとだまのみこと》は、高御産巣日神《たかみむすひのかみ》の子で天児屋《あめのこやねの》命《みこと》と共に祭祀を司った、占いと祀の神です。

天岩戸隠れのときには、榊《さかき》を抜き取り、これに八尺瓊勾玉《やさかにのまがたま》、八尺鏡《やたのかがみ》、白い布などをかけた大きな玉串を持って、天児屋命、天手力男神《あめのたぢからおのかみ》、天宇受売命《あめのうずめのみこと》らと共に、天照大《あまてらすおお》御神《みかみ》を誘い出すという重要な役割を果たしました。岩戸が開いたすきに天手力男神が天照大御神を外に連れ出すと、岩戸にしめ縄を引いたのがこの神です。

また、天孫降臨《てんそんこうりん》の際には邇邇芸命《ににぎのみこと》に随伴し、その後忌部《いんべ》氏（後に斎部氏）の祖の一柱となりました。岩戸が開いたとき、とっさにしめ縄を引き天照大御神が中に戻れないようにしたように、鋭い機知と明晰さで私たちを見守り人生や運命を占ってくれます。道に迷ったときは、この神にお願いすることで助けが得られるでしょう。

メッセージ

あなたは満足のいく本当の自分を生きていますか？　頭でどんなに考えても、本当の豊かさは手に入れられません。ハートが喜ぶこと、幸せだと思うことを実践してください。心の声に従って行動するとき、あなたは大いなる喜びとギフトを手にするでしょう。

伊斯許理度売命《いしこりどめのみこと》

八尺鏡を作った
老女神

PROFILE

別名⊙櫛石窓神《いしこりどめのみこと》、豊石窓神、石凝姥命

守護分野⊙鋳物、金属加工と鏡

出典⊙古事記、日本書紀

キーワード⊙鏡つくり

⛩ 鏡作神社（奈良）、鏡作坐天照御魂神社（奈良）、中山神社（岡山）

八尺鏡《やたのかがみ》で真実の光を映し出す

伊斯許理度売命《いしこりどめのみこと》は、三種の神器のひとつ八尺鏡《やたのかがみ》を作ったとされる鏡作部《かがみつくりべ》の祖神です。神名の「いしこりどめのみこと」には「石を切って鋳型を作り、溶鉄を流し固まらせて鏡を鋳造する老女」といった意味があり、鋳物の神、金属加工の神として信仰されています。

天照大御神《あまてらすおおみかみ》が天岩屋に隠れたとき、彼女を誘うために使った重要な鏡を作ったのが、伊斯許理度売命です。この「八尺鏡」は三種の神器のひとつとなり、現在は伊勢神宮に遷座されています。伊斯許理度売命は、その後の天孫降臨《てんそんこうりん》の際に邇邇芸命に随伴し、天照大御神の御魂代《みたましろ》となり伊勢神宮の内宮に祀られるようになったといわれています。

天照大御神を映し出した八尺鏡は、真実の光を映し出す聖なる鏡です。伊斯許理度売命は、八尺鏡のように私たちの心の真実を映し出します。

メッセージ

あなたの内側の奥深くに入っていき、心の鏡に映し出すように自分自身を見つめてみましょう。そこにはどんなあなたが映っていますか？ ありのままの自分を認めましょう。人と比較する必要はありません。あなたはいまのままで十分美しく輝いています。

天津麻羅《あまつまら》

謎の多い
鍛冶の神

PROFILE

守護分野⦿鍛冶、金属

出典⦿古事記、日本書紀

キーワード⦿鍛冶、かぬち

同一視されている神⦿天目一箇神《あまのまひとつのかみ》

⛩ 多度大社（三重）、天目一神社（兵庫）

祭祀のために道具を作る

天津麻羅《あまつまら》は、『古事記』では天岩戸《あまのいわと》隠れの神話の中に登場し、天照大御神《あまてらすおおみかみ》が天岩戸にこもったとき、祭祀の準備のためにいろいろな道具を作った鍛冶担当の神といわれています。神名の「あまつ」は天津神を示すものとされていますが、「まら」については諸説あり、「片目」やモンゴル語の「鉄」、「男根」といった意味があるのではないかと様々な推測があります。天津麻羅は、一説には『日本書紀』などに登場する天目一箇神《あめのまひとつのかみ》と同一神であるともいわれています。『古事記』以外にしっかりとした記述がなく、神名には「神」「命」などの神号もつけられておらず、いずれにしても、謎の多い神です。

鍛冶は鉄に熱を加えることで、様々な道具を生み出します。その様子は頑なものを熱によって和らげ、新しい創造物に作り変える再生の力を象徴しています。

メッセージ

熱は大いなる変容の力を秘めています。心が頑になっているときは、自分の真の力にあなたは気が付くことができません。ありったけの情熱を使って、愛を呼吸し変化を受け入れてください。新しい自分自身と可能性が広がっていることに気づくでしょう。

大宜都比売神《おおげつひめのかみ》

五穀と養蚕の起源となった食の女神

PROFILE

別名◉保食神《うけもちのかみ》

守護分野◉食物

出典◉古事記、日本書紀

キーワード◉食、食料

白子神社（山形）

破壊と再生、五穀豊穣を司る

大宜都比売神《おおげつひめのかみ》は、食物を司る女神で、伊《い》邪那岐命《ざなぎのみこと》と伊邪那美命《いざなみのみこと》から生まれました。

『古事記』によると、高天原《たかまのはら》を追放された建速須佐之男命《たけはやすさのおのみこと》は、道中で空腹を覚えて大宜都比売神のところに寄りました。大宜都比売神は、鼻・口・尻などから様々な食物を取り出して歓迎しました。しかし、建速須佐之男命は汚れた食べ物でもてなしたと激怒し、彼女を殺してしまいます。大宜都比売神の死体からは、蚕、稲、粟、小豆、麦、大豆が生えてきて、神産巣日神《かみむすひのかみ》がこれらから五穀の種を取ったといわれ、彼女は五穀と養蚕の女神となりました。また、『日本書紀』では彼女を殺したのは月読命《つくよみのみこと》だといわれています。

この神話は、破壊と再生という自然の営みを象徴し、私たちに大自然の循環の大切さや、人もその美しい循環の一部であることを教えてくれています。

メッセージ

現実はあなたの信じる思考から創られ、制限も豊かさもすべて自分自身が創っていることを知りましょう。いま、あなたの豊かさを滞らせているのはなんでしょうか。胸に手を当て、深い呼吸と共にハートの淀みを吐き出し、光と豊かさで満たしましょう。

第三章 出雲

高天原を追放された
建速須佐之男命は、葦原中国の
出雲の国へと降り立ちます。
舞台は、葦原中国へと移ります。

この章に関係する主な神々

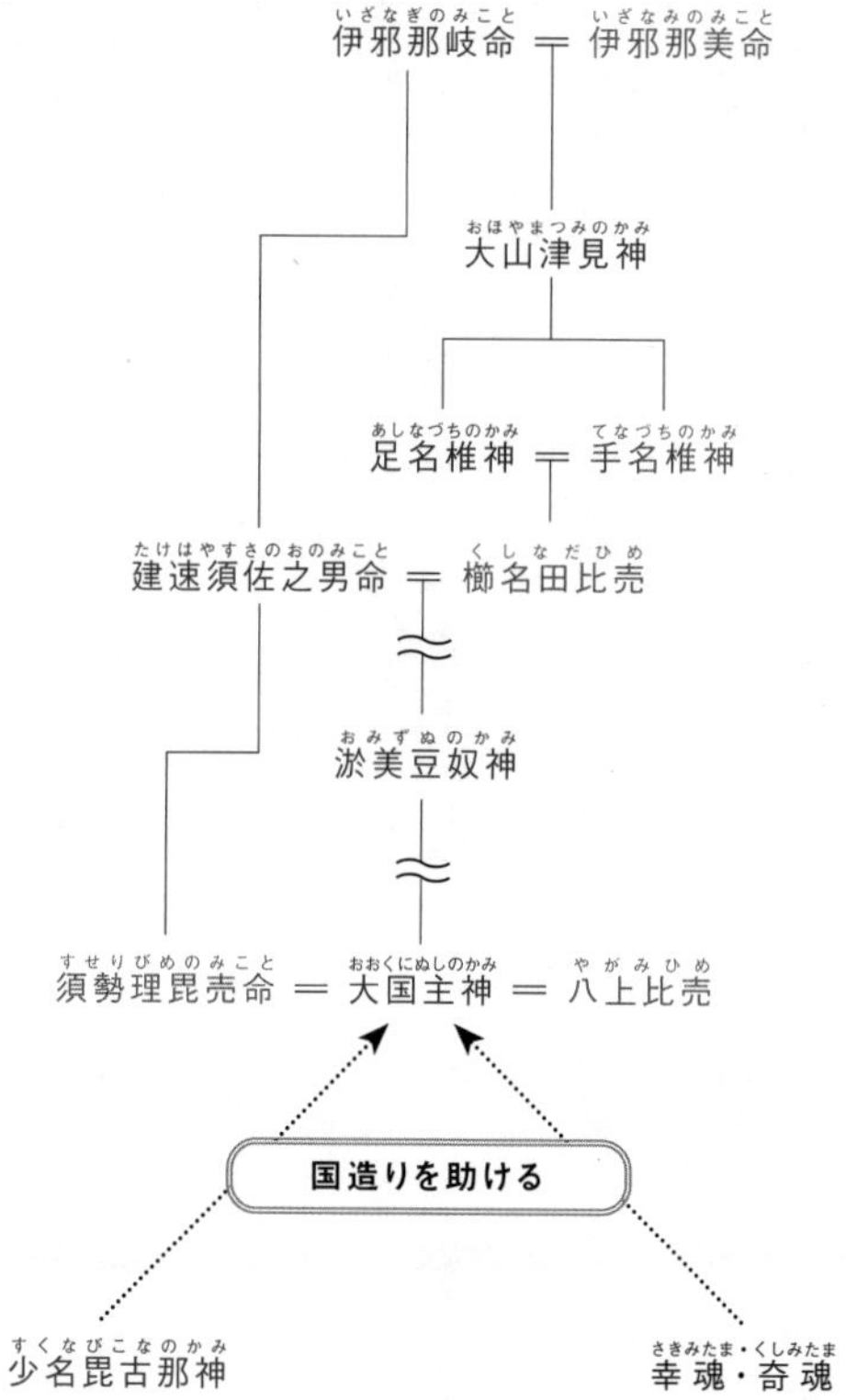

黒……性別の明らかでない神　青……男神　赤……女神

＝……夫婦

八岐大蛇《やまたのおろち》との対決

建速須佐之男命《たけはやすさのおのみこと》は、完全に高天原《たかまのはら》を追放され、葦原中国《あしはらのなかつくに》の出雲の国へと降り立たれます。鳥髪《とりかみ》の郷に辿り着きふと川をご覧になると、川上から箸が流れてきました。川上に人が住んでいると思いそこを訪ねておいでになったところ、足名椎神《あしなづちのかみ》、手名椎神《てなづちのかみ》夫婦とその娘の櫛名田比売《くしなだひめ》が泣いていました。理由をお尋ねになると、高志《こし》（現在の福井あたり）の八岐大蛇《やまたのおろち》という大蛇が、櫛名田比売をさらいにくると……。そこで建速須佐之男命がその大蛇を退治するかわりに、櫛名田比売を妻にしたいとおっしゃいます。夫婦は建速須佐之男命が天照大御神《あまてらすおおみかみ》の弟であることを知ると、その申し出を喜んで受け入れました。建速須佐之男命は約束どおり八岐大蛇を退治なさり、櫛名田比売を娶《めと》り、多くの神々をお生みになりました。

また、八岐大蛇と闘ったときに、蛇の尾から珍しい宝剣が出てきました。これが後に三種の神器のひとつとなった草薙剣《くさなぎのつるぎ》です。

大国主神《おおくにぬしのかみ》と妻たち

時は流れ、建速須佐之男命の六世の孫に大国主神《おおくにぬしのかみ》がいらっしゃいます。大国主神にはたくさんの異母兄弟がおいでになり、あるとき、稲葉の国に八上比売《やがみひめ》という美しい姫がいるとの噂を聞きつけた兄弟たちは、自分の妻にしよう……と、稲葉の国へ向かいます。その道中で怪我をしたうさぎと出会い、大国主神がお助けになったのですが、実はそのうさぎは八上比売との繋がりが深く、八上比売は大国主神の妻になることを決めました。

またあるとき、建速須佐之男命の娘、須《す》勢理毘売命《せりびめのみこと》に見初められた大国主神は、建速須佐之男命が出す数々の難問を、須勢理毘売命の助けでクリアし、ついには須勢理毘売命を正妻とされます。建速須佐之男命は大国主神に太刀と弓を授け、須勢理毘売命と共に国を支配するよう助言なさったのでした。

葦原中国の国造り

大国主神は建速須佐之男命の言葉どおり、国造りをおはじめになります。ある日、海から少名毘古那神《すくなびこなのかみ》がやってきて、国造りを助けられます。しかし、それを十分に終えぬうちに、少名毘古那神は、また海へと戻られてしまいました。途方に暮れていた大国主神の前に幸魂《さきみたま》、奇魂《くしみたま》が現れ、その助けを得て、葦原中国に自らの王国を造り、栄えていきました。

足名椎神《あしなづちのかみ》・手名椎神《てなづちのかみ》

櫛名田比売の両親で
親子を守護する神

PROFILE

別名◉脚摩乳命《あしなづちのみこと》・手摩乳命《てなづちのみこと》

守護分野◉親子、稲

出典◉古事記、日本書紀

キーワード◉両親、親

⛩ 氷川神社（埼玉）、須佐神社（島根）

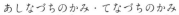

建速須佐之男命《たけはやすさのおのみこと》に娘を救われる

足名椎神《あしなづちのかみ》と手名椎神《てなづちのかみ》は、「八岐大蛇《やまたのおろち》伝説」に登場する櫛名田比売《くしなだひめ》の両親です。二柱は出雲国の肥川《ひのかわ》の川上に住み、八人の娘がいましたが、毎年一人ずつ娘を八岐大蛇に喰い殺され、すでに七人の娘を奪われていました。そして最後の娘である櫛名田比売も差し出さなければと嘆き悲しんでいたところに、建速須佐之男命《たけはやすさのおのみこと》がやってきます。櫛名田比売を見初めた建速須佐之男命は、彼女との結婚を条件に八岐大蛇の征伐へ向かって見事に退治。須賀の地に宮殿を建てて、二柱を首長に任じて稲田宮主須賀之八耳神《いなだのみやぬしすがのやつみみのかみ》の名を与えたといわれます。

神名の、「なづ」は「撫でる」、「ち」は精霊の意で、父母が娘の手足を撫でて慈しむ様子を表わし、「あしな」は浅稲《あさいね》で晩成の稲、「てな」は速稲《といな》で早稲の意を表すとされ、親子と稲を守護する二柱の性質が象徴されています。

メッセージ

あなたの現実は内なる世界の反映です。もし、いまの現実がうまくいっていないように感じるなら、あなたの内なる子供との関係性を見直しましょう。親が無条件で自分の子を愛し守るように、自分自身と内なる子供を愛し、光を送ってください。

櫛名田比売《くしなだひめ》

建速須佐之男命に救われた豊穣の女神

PROFILE

別名⦿奇稲田姫命、奇稲田姫《くしいなだひめのみこと》

守護分野⦿恋愛成就、夫婦和合、美容、稲田

出典⦿古事記、日本書紀

キーワード⦿櫛、くしいなだ、椿

⛩ 氷川神社（埼玉）、氷川女体神社（埼玉）、八坂神社（京都）、八重垣神社（島根）、熊野大社（島根）

建速須佐之男命《たけはやすさのおのみこと》と結婚する

櫛名田比売《くしなだひめ》は、「八岐大蛇《やまたのおろち》退治」神話のヒロインとなった、豊穣と子育てを司る美しい女神です。物語によると、彼女は出雲国の肥川《ひのかわ》の上流に住む足名椎神《あしなづちのかみ》と手名椎神《てなづちのかみ》という老夫婦神の八番目の娘でした。老夫婦は毎年一人ずつ娘を八岐大蛇という恐ろしい怪物に生贄として捧げており、その最後に残った娘が櫛名田比売でした。老夫婦が娘の身を惜しんで悲しんでいるところに、高天原《たかまのはら》を追放されて出雲に降り立った建速須佐之男命《たけはやすさのおのみこと》がやってきます。

建速須佐之男命は、彼女との結婚を条件に八岐大蛇退治を請け負いました。建速須佐之男命はその身を守るため、彼女を櫛に変え、その間に怪物を退治。その後、彼女と共に住む場所を探し、須賀の地に宮殿を建てました。櫛名田比売は建速須佐之男命と結婚し、大国主神へと続く国津《くにつ》神の一族を築いていきます。

水神、八岐大蛇に仕える？

神名の「くしなだ」とは美しい田、豊穣を意味していて、立派に実った稲田を象徴しています。また、別名の奇稲田の「奇」は美称あるいは霊妙なという意味があり、続く「稲田」とあわせることで、美田、豊饒などの意味を持ち、田の神と、田の神に仕える巫女であるという解釈もあります。

彼女があやうく生贄になりそうになった八岐大蛇は、もともと怪物ではなく、蛇の体をした水神、農耕神であったと考えられています。

水神は田の神とも呼ばれ、古来、農民たちは神祭で水神＝蛇神を祀って豊作を願っていたとされます。八岐大蛇神話には、そんな八岐大蛇と櫛名田比売の関係が反映されているようにも窺えます。

子育ての神として子孫の発展を見守る

また一方では、「美しい田・豊饒」は「豊かに育てる」と解釈されることもあり、「子育て」という意味にも繋ることから、櫛名田比売は子育ての神としても広く崇められています。さらに建速須佐之男命との円満な家庭を築いたことから、妻や母的なイメージが強調され、本来の稲田の神、豊穣神のほかに、夫婦和合や縁結びといった神徳も加わるようになりました。

いずれにしても櫛名田比売は、繁栄や実り、発展、結ぶという母性を象徴した女神だといえます。その大地のような温かく大きな慈愛で、未来永劫、人々の繁栄を願い、私たちを見守ってくれることでしょう。

メッセージ

いま、あなたは豊穣のときを迎えています。新しい仕事、プロジェクトをはじめるのに最適のときです。心配ごとや恐れ、罪悪感は成功を先延ばしにします。なぜそれを自ら遠ざけるのでしょうか。すべての不安を手放し、やりたいこと、新しい変化を楽しみましょう。

大国主神《おおくにぬしのかみ》

大地を象徴する
出雲の大王

PROFILE

別名⦿大穴牟遅神《おおなむちのかみ》、大那牟遅神、大己貴命（神）、大物主神《おおものぬしのかみ》、大国主大神、大国魂神、顕国魂神、大国主命ほか

守護分野⦿力、縁結び、薬、温泉ほか

出典⦿古事記、日本書紀

キーワード⦿力、出雲

同一視されている神⦿大黒天

⛩ 北海道神宮（北海道）、日光二荒山神社（栃木）、氷川神社（埼玉）、大神神社（奈良）、出雲大社（島根）ほか

国土、社会を造り功績を上げる

大国主神《おおくにぬしのかみ》は、建速須佐之男命《たけはやすさのおのみこと》の子孫で、多くの試練をくぐり抜けて出雲の支配権を手にした国津神《くにつ》であり、豊穣神です。たくさんの妻を持ち、天の象徴である天照大御神《あまてらすおおみかみ》に対し、大地を象徴する土着神といわれています。

神名の「おおくにぬし」には「大きな国を治める王」、別名の「おおなむち」には「功績多く著名な」という意味があります。大黒様の呼び名でも親しまれ、出雲大社の縁結びの神様として知られています。

彼は、様々な試練を課せられてそれを乗り越え、須勢理毘売命《すせりびめのみこと》と結婚しました。また、出雲の支配権を譲り受けて、小人の神、少名毘古那神《すくなびこなのかみ》と協力して国造りに励み、農業技術の指導や医薬などの道を教えて葦原中国《あしはらのなかつくに》を完成。その後の天孫降臨《てんそんこうりん》の際、国土を邇邇芸命《ににぎのみこと》に譲り、出雲大社の祭神となりました。

兄弟に殺されるが蘇生

大国主神はその知名度からもわかるように神話の中に数々の逸話を残しています。その中でも特に有名なのは「因幡の白兎」神説ではないでしょうか。

大国主神には八十神《やそがみ》と呼ばれるたくさんの異母兄弟がいました。あるとき、兄弟たちが因幡に住む大変美しい八上比売《やがみひめ》に求婚するため出かけたとき、大国主神はその荷物持ちとして付き合わされました。その途中で彼らは皮をはがれて丸裸になった一匹の白兎と出会います。兄弟たちは白兎に嘘の治療法を教えたので、兎の傷はさらに痛んでしまいます。そこにやってきたのが大国主神で、彼は白兎から事情を聞いて正しい治療法を教えてやりました。

すると兎の体は元のとおりになり、感謝した兎は「姫はあなたのものになります」といいました。その予言どおり八上比売が、「私は大国主神に嫁ぎたい」というと、八十神たちは激怒し大国主神を焼き殺してしまいます。悲しんだ大国主神の母は神産巣日神《かみむすひのかみ》へ願い出て、遣わされた二神の治療により大国主神は蘇生します。

慈悲の心を持った偉大なる父神

大国主神は、国を平定し、農耕、国土の保護や医薬の神ともされ、多種の文化事業を成した偉大な神です。しかし、大黒様と同一視されるように、穏やかでやさしい心の神でもあります。大黒様は、救いの神であると共に、全ての人間が「おのずから」の姿、つまり、いつでも誰もが自分自身の本来の状態でいられるように護り、手助けしてくれます。そして人生に迷いが生じたとき、正しい方向へと導いてくれるでしょう。

メッセージ

あなたはこの地上で自分自身を生きることを選択して生まれてきました。自分が誰であったかを思い出してください。そして自らが選び、自分に与えた人生という旅を楽しみながら歩んでください。感謝と喜びを持って道を進むとき、あなたの旅路はより護られていくでしょう。

八上比売《やがみひめ》

大国主神の最初の妻神

PROFILE

守護分野⦿縁結び、傷
出典⦿古事記
キーワード⦿因幡の白兎、うさぎ

⛩ 売沼神社（鳥取）、酒賀神社（鳥取）、白兎神社（鳥取）

正妻の嫉妬により身を引く

八上比売《やがみひめ》は、因幡国の八上に住んでいた姫で大国主神《おおくにぬしのかみ》の最初の妻となった女神です。美人で評判の彼女は、大国主神の兄弟の八十神《やそがみ》たちに求婚されますが、結局は大国主神を婿に選びます。しかし、その選択が八十神たちの恨みを買い、大国主神は兄たちから何度も命を狙われ、その度、母神や女神たちに救われます。兄たちから逃れるために、大国主神は母神の助言で建速須佐之男命《たけはやすさのおのみこと》を訪ねて根の国へと向かいます。彼はそこで数々の試練をくぐり抜け、出雲に戻って国造りをしながら八上比売を呼んで結婚。しかし、八上比売は正妻の須《す》勢理毘売命《せりびめのみこと》の嫉妬に恐れて、子供を木の俣に挟んで因幡国に帰ってしまいました。

八上比売が祀られる鳥取の白兎神社は、縁結びの神社として、また、麻疹・切り傷に霊験があるとして有名です。

メッセージ

謙虚さを大切にしてください。あなたはいまのままで完全です。どんなに過酷な状況も、自分自身を受け入れ信じることで希望の光がもたらされます。あなたを批判したり、苦しめたりする人を許しましょう。許すことで、再び道を進むことができるでしょう。

須勢理毘売命《すせりびめのみこと》

大国主神の
正妻とされる女神

PROFILE

別名⦿由良比女命
守護分野⦿勢い
出典⦿古事記、日本書紀
キーワード⦿勢い、すせり

⛩ 国魂神社（福島）、由良比女神社（島根）、総社宮（岡山）

夫の災難を救い献身的に尽くす

須勢理毘売命《すせりびめのみこと》は、建速須佐之男命《たけはやすさのおのみこと》の娘で大国主神《おおくにぬしのかみ》の正妻とされる威勢のよい女神で、嫉妬深い女神として知られています。神名の「すせり」は「進む」の「すす」、父神と同じ「すさぶ」の「すさ」と同語で、荒《すさ》ぶ、凄《すさ》まじいの意味を持っていて、勢いのままに進む彼女の性質をよく表しています。気が強く決断が早いその気質は、父親譲りでしょうか。

須勢理毘売命は、夫の大国主神に数々の試練が与えられる中、様々な呪具や助言を与えてあらゆる危機から夫を助けました。建速須佐之男命の国である根の国は、地底世界（冥界）との解釈もあり、その娘である彼女も父同様、魔力に長けていたともされます。嫉妬深く周囲に恐れられましたが、結局は夫婦で仲むつまじく過ごしたようです。そこには真の愛を貫く、彼女の一途さが表れていたのかもしれません。

メッセージ

あなたが持つ一途さを大切にしてください。ハートに手を当て、自分の気持ちを正直に見つめてみましょう。あなたが本当にやりたいことと望まないことを振り分け、望むことを選択してください。そしてそこに情熱を注いでください。道は開けます。

少名毘古那神《すくなびこなのかみ》

大国主神の国造りに
貢献する重要神

PROFILE

別名◉少彦名神、須久那美迦微命《すくなびこなのみこと》、少彦名命、少日子根命
守護分野◉お酒、温泉
出典◉古事記、日本書紀
キーワード◉こびと

⛩ 北海道神宮（北海道）、酒礒列前神社（茨城）、少彦名神社（大阪）、大神神社（奈良）、粟島神社（鳥取）

指からこぼれ落ちるいたずらもの

少名毘古那神《すくなびこなのかみ》は、高天原《たかまのはら》の重要神、造化三神の一柱である神産巣日神《かみむすひのかみ》の子とされ、穀物、医薬、温泉などを司る神です。大国主神《おおくにぬしのかみ》の国造り神話の中に登場し、波の彼方から船に乗って来訪した、とても小さな神であったとされ、一寸法師のモデルとなったとされています。『古事記』には、父神である神産巣日神による、「この子はいたずらもので、私の指の間からこぼれ落ちてしまった」という表現が残されています。

しかし、神名の「すくな」には「小さい」の意味はなく、大国主神の別名である大名持《おおむなち》と対であるためという見方もされていて、名前が必ずしも体の大きさを表しているのではないようです。また、古語で「な」を大地と表すことがあり、大地を鋤く（＝耕す）との解釈で穀物神と結びついてもいます。

神産巣日神の命で国造りに励む

少名毘古那神は、出雲の国造りの神話の中で、大国主神の有力な右腕として建国に大きく貢献しました。

あるとき、大国主神は出雲の海岸で一柱の小さな神と出会います。その神は、波の中を天《あめ》の羅摩船《かがみぶね》に乗り、鵝《が》の皮のようなものを着ていました。名前を聞いても何も答えず、誰もその名を知らないようでした。

そこで、世の中のことはなんでも知っているという、案山子《かかし》のくえびこに尋ねてみたところ、「この神は、神産巣日神の子で少名毘古那神です」と答えたので、さらに神産巣日神に訪ねてみると、「確かに私の子です。あなたがたは兄弟となって、この国を造り固めなさい」と答えられたことから、二柱は兄弟となって国造りに励んだといわれます。

常世《とこよ》の知識で人々の健康を助ける

少名毘古那神は、国造りの協力神で常世《とこよ》の神であると共に、医薬、温泉、石、酒造、穀物など様々な分野の守護に携わる多彩な能力を持った神です。大国主神が病に倒れたときには、温泉を見つけてその病を治し、薬草の知識にも長けていて医療分野にも大きく貢献しました。

大国主神を大（陽）とすると少名毘古那は小（陰）。この二神の関係は陰陽にもたとえられ、お互いを補い合う力で創造の完全性を表現しているようでもあります。

古来、温泉は神聖な温かい常世の水と考えられていました。また常世は、生命力の源泉です。少名毘古那神は常世の力を持って、人々の生命力や健康を見守っているのでしょう。

メッセージ

自然界のあらゆる命は私たちを支えてくれます。これは天の祝福による贈り物です。自然界のすべての要素（地、水、風、火）、植物、動物、人間、そして天にある月と太陽、神、すべては繋がっているということを知ってください。あなたはいつでもこの恩恵を受け取ることができます。

幸魂《さきみたま》・奇魂《くしみたま》

神の霊魂が持つ
ふたつの異なった側面

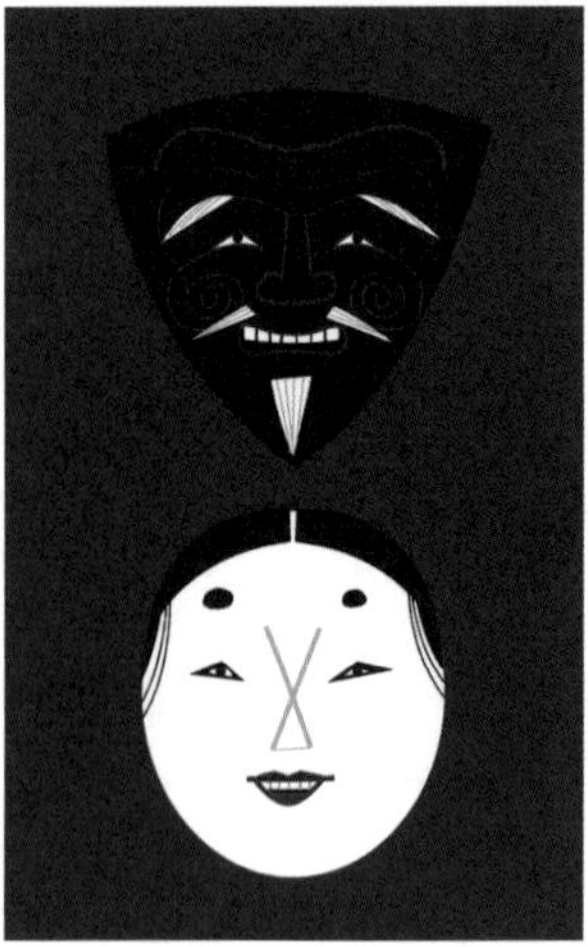

PROFILE

守護分野◎幸と奇跡

出典◎古事記、日本書紀、神道の概念

キーワード◎神のこころ、みたま

国魂神社（福島）、大神神社（奈良）、総社宮（岡山）

神にはふたつの側面がある

幸魂《さきみたま》と奇魂《くしみたま》は、神の霊魂が持つふたつの側面のことを指す神道の概念です。

神道では、神の霊魂が持つ側面には、荒魂《あらたま》と和魂《にぎたま》のふたつがあるとされ、荒魂は、祟りや天変地異を引き起こしたり、病を流行らせたりと人の心を荒ぶらせ争いへ駆り立てる神の荒々しい側面を表しています。また、和魂は、日や雨や、日々の恵みの平和的な落ち着いたご加護の側面です。

和魂はさらに幸魂と奇魂に分類され、幸魂は、花が咲く、物が割き分かれるといった、物が分裂し増加繁殖して栄える力を意味しています。また奇魂は、櫛で乱れた頭髪を解いて整えたり、串刺しにして複数の物を揃えるように、統一して調和する力を意味していきます。幸魂によって分化繁殖したものを統一し、調和のとれたものとしてさらに発展させていくのが奇魂の力なのです。

同一の神に複数の御霊が存在

荒魂と和魂は同一の神様の中に内在していますが、どちらの側面が強く出るかによって別々の神に見えてしまうほど、その印象は大きく変わります。その違いは別の神名に分けられたり、分けて祀られている場合もあります。

いずれにしても、これらの複合した働きによって、いわゆる神業が成されているというわけです。

この神を表す神話が、大国主神《おおくにぬしのかみ》の国造りの話に描かれています。大国主神が一通り国造りを終えると、その相棒を務めた少名毘古那神《すくなびこなのかみ》は常世の国に帰ってしまいます。大国主神は、これから一人でどうやって国を造っていったらよいかと途方にくれていました。そのとき、海から光り輝く神が現れ、「わたしの魂をよくお祀りしたならば、わたしはあなたと共に国造りをしよう」といいました。大国主神がどのようにお祀りすればよいかを尋ねると、「大和を囲む緑の山の東の山の上に祀れ」と答えました。この神こそが大国主神の幸魂と奇魂であり、大物主神となって自らその御霊を三輪山《みわやま》の頂に鎮めたといわれます。

陰と陽の働きが創造の力となる

荒魂は、一見破壊的な行為にみえますが、新しい物事を起こしたりするときに必要な、エネルギーの行動的な側面である陽あるいは男性性を表しています。それに対して和魂は、滋養や慈しみを与えて物事を育て調和していく陰あるいは女性性のエネルギーの働きを表しています。

こうした神様の複数の御霊の精妙な絡み合いによって、それぞれの生命は正しい働きをし、物事を成す力となって世に発現して様々な生命活動を促しているのです。

メッセージ

地上の世界には二元性が存在します。昼と夜、天と地、女性と男性。そして人の中にも光と影、思考と感情などの二元性があり、この陰陽の対極をはっきり見ていくことであなた自身を統合することができます。統合によって、あなたは癒され、大きな変容がもたらされるでしょう。

淤美豆奴神《おみずぬのかみ》

国土を広げた
出雲の創造神

PROFILE

別名◉八束水臣津野命《やつかみずおみつぬのみこと》

守護分野◉綱引き、スポーツ、不動産

出典◉出雲国風土記

キーワード◉国引き

長浜神社（島根）

国引《くにびき》をして国土を整備

淤美豆奴神《おみずぬのかみ》は、建速須佐之男命《たけはやすさのおのみこと》の孫で大国主神《おおくにぬしのかみ》の祖父神とされる出雲の国土創造神です。出雲に伝わる『出雲国風土記』には、淤美豆奴神が出雲の国の狭さを嘆き、国土を広げるためにあちこちの国から土地を切り取って引き寄せて土地を大きくしたとされます。その継ぎ足されたところは現在の島根半島の一部とされています。

こうしてたくさんの土地を引いてきて出雲の国を広げた彼は「これでやっと国引《くにびき》を終えた」といって出雲郷の阿太加夜神社の境内にある意宇の杜へ行き杖を立てて「意恵（おうえ）」と喜びの声をあげたとされます。それから一帯を意宇（「おう」後には「いう」）郡と呼び、出雲の一番大きい郡となりました。別名には「大水主」の神の意味や、八束水（＝大量の水）を流す意味もあり、河川を管理、国土を整備した父神的存在として人々を守っています。

メッセージ

思考と感情、女性性と男性性、破壊と再生、直感と理性など、あなたの中でバラバラになっていたものをできる限り統合してみてください。対極するすべてのもののバランスを取ることで、あなたは本来持った才能や輝きを取り戻すことができるのです。

第四章

天孫降臨

平定したと思われた葦原中国にも、陰りが見えはじめます。そのため高天原の天照大御神は、ついに使者を送り込みます。

この章に関係する主な神々

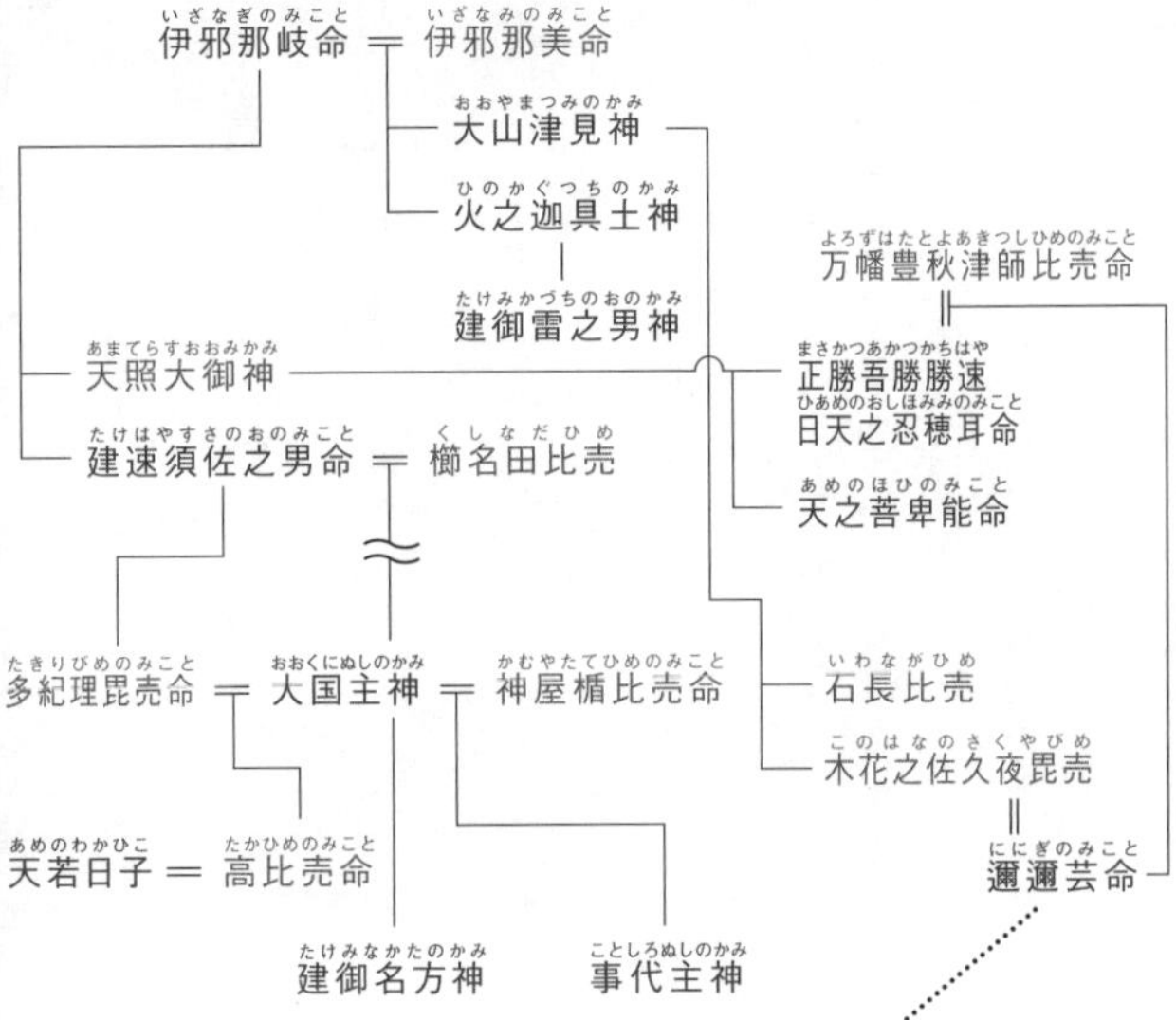

天孫降臨に同行した天津神々

猿田毘古神《さるたびこのかみ》 ＝ 天宇受売命《あめのうずめのみこと》　思金神《おもいかねのかみ》　天手力男神《あめのたぢからおのかみ》

天児屋命《あめのこやねのみこと》　布刀玉命《ふとだまのみこと》　伊斯許理度売命《いしこりどめのみこと》

青……男神　赤……女神　＝……夫婦

葦原中国《あしはらのなかつくに》の国譲り

　時が経つにつれ、葦原中国《あしはらのなかつくに》は乱れていきます。そんな状況を高天原《たかまのはら》からご覧になっていた天照大御神《あまてらすおおみかみ》は、「本来ならば、我が子が治めるべき国である」と申され、その意思を大国主神《おおくにぬしのかみ》に伝えるため、葦原中国へ天之菩卑能命《あめのほひのみこと》を遣わされました。しかし、一向に音沙汰がなかったため、次に天若日《あめのわかひ》子《こ》を遣わされます。

　天若日子は大国主神の娘の高比売命《たかひめのみこと》を娶《めと》ると、葦原中国を自分のものにしようという邪心を抱き、天照大御神の命に従いませんでした。するとその悪行は天津《あまつ》神に見抜かれ、天罰によって命を落としてしまいます。天照大御神は今度こそはと、建御雷之《たけみかづちの》男神《おのかみ》を遣わされます。

　建御雷之男神は葦原中国を治めていた大国主神に会い、天照大御神の意思を伝えます。しかし大国主神はすぐには返事をせず、「今、この国を治めているのは、息子の事代主神《ことしろぬしのかみ》なので、そちらに尋ねてほしい」と返します。建御雷之男神は事代主神に国譲りを申し出たところ、すぐに了承をされました。そのことを大国主神に伝え、ほかに意見のあるものはいないか尋ねたところ「もう一人の息子、建御名方神《たけみなかたのかみ》にお尋ねください」と返します。

　力に自信のあった建御名方神は建御雷之男神に力比べを挑みましたが、あっさりと負けてしまい、結局、建御名方神と大国主神は天照大御神の意思に従い国を譲ったのでした。

天孫の天降り

晴れて治権を取り戻された天照大御神は、葦原中国を治める役を息子の正勝吾勝勝速《まさかつあかつかちはや》日天之忍穂耳命《ひあめのおしほみみのみこと》にお命じになりました。しかし、彼は万幡豊秋津師比売命《よろずはたとよあきつしひめのみこと》と結婚をして子供を授かっており、その子にその役を譲りました。

かくして、天照大御神の孫にあたる邇邇芸命《ににぎのみこと》が葦原中国へ天降りをされることとなります。この天孫降臨の際、天照大御神は邇邇芸命に、三種の神器である八尺瓊《やさかにの》勾玉《まがたま》・八尺鏡《やたのかがみ》・草薙剣《くさなぎのつるぎ》を授け、天宇受売命《あめのうずめのみこと》と天手力男神《あめのたぢからおのかみ》、天児屋命《あめのこやねのみこと》、布刀玉命《ふとだまのみこと》、伊斯《いし》許理度売命《こりどめのみこと》などの神々をお供につけさせました。

高天原と葦原中国の国境で猿田毘古神《さるたびこのかみ》がこの一行を出迎え、葦原中国の道中を案内して高千穂の峰に到着されると、邇邇芸命は「この地は韓の国も見え笠沙の岬へも真っ直ぐで便利な所。そして、朝日や夕日があたりを美しく染めるよい場所だ」といわれ、そこに立派な御殿を構え、葦原中国を治められたのでした。

正勝吾勝勝速日天之忍穂耳命《まさかつあかつかちはやひあめのおしほみみのみこと》

降臨を拒み続けた
天孫の父

PROFILE

別名⊙天忍穂耳尊、天忍穂耳命《あめのおしほみみのみこと》

守護分野⊙稲穂、農業、勝利

出典⊙古事記、日本書紀

キーワード⊙まさにかつ

天忍穂別神社（高知）、英彦山神社（福岡）、天手長男神社（長崎）、西寒多神社（大分）ほか

天照大御神《あまてらすおおみかみ》と建速須佐之男命《たけはやすさのおのみこと》の誓約《うけい》から生まれる

正勝吾勝勝速日天之忍穂耳命《まさかつあかつかちはやひあめのおしほみみのみこと》は、弟が高天原《たかまのはら》を攻めてきたと疑う天照大御神《あまてらすおおみかみ》と弁解する建速須佐之男命《たけはやすさのおのみこと》が立てた誓約《うけい》の際に生まれました。誓約とは「かくあるべし」と心に期して神意を占うことです。まず、天照大御神が建速須佐之男命の剣を嚙み砕いて吹き出すと、その息吹から三柱の女神が生まれ、次に建速須佐之男命が姉神の勾玉の髪飾りを嚙み砕くと、三柱の男神が生まれました。このとき、左の玉飾りを嚙んで吹き出したのが正勝吾勝勝速日天之忍穂耳命です。建速須佐之男命は、自分の持ち物から女神が生まれたのは邪心のない証拠だと主張し、身の潔白を証明しました。神名の「まさかつあかつ（正勝吾勝）」は「正に私が勝った」、「かちはやひ（勝速日）」は「勝つこと日の昇る如く速い」ということで、建速須佐之男命がこの誓約に勝ったことを意味します。

下界への降臨を拒み息子に譲る

やがて、正勝吾勝勝速日天之忍穂耳命は、葦原中国《あしはらのなかつくに》を平定するよう天照大御神に命じられますが、天の浮橋から地上を見下ろすと、大国主神によって国造りを終えたばかりの葦原中国は、まだいかにも物騒に見えたため、途中で引き返してしまいます。しかし、続く天之菩卑能命《あめのほひのみこと》、天若日子《あめのわかひこ》らが、大国主神《おおくにぬしのかみ》に懐柔されたり、邪心を抱いたりと、次々に平定に失敗。最後に天降った建御雷之男神《たけみかづちのおのかみ》の功績によって、無事国譲りが行われた後、天照大御神は再び正勝吾勝勝速日天之忍穂耳命に降臨を命じます。

正勝吾勝勝速日天之忍穂耳命は、この際にも自分と高御産巣日神《たかみむすひのかみ》の娘、万幡豊秋津師比《よろずはたとよあきつしひ》売命《めのみこと》との間に生まれた息子、邇邇芸命《ににぎのみこと》を代わりに遣わすよう神々に進言し、高天原に残りました。

農業の守護神として崇められる

度重なる辞退の末に、天孫降臨の主役の座を息子に譲った正勝吾勝勝速日天之忍穂耳命ですが、一説には、最初に使者として下界に降りたとき、自ら引き返したのではなく大国主神に懐柔された、あるいは、高天原の神々のために地上を鎮めようとしたともいわれています。

神名の「おしほ（忍穂）」は「大きな稲穂」、「みみ（実）」は「実をたくさんつけた」という意味で、稲穂の神霊ということが暗示されます。また、降臨したとされる英彦山《ひこさん》の神社は農工業の守り神として信仰されています。稲穂は大切な食料であるとともに豊かさの象徴です。私たちにとって真の豊かさとは何かを教えてくれています。

メッセージ

人間関係や仕事、収入など現実の豊かさは、あなたの魂の輝きによってもたらされます。豊かさを受け取るためには、まず自分の価値を認めてください。自分がすでに必要な豊かさを持っているということに気付いて心から望むことを行動するとき、豊かさは向こうからやってきます。

天之菩卑能命《あめのほひのみこと》

命に従わず
我が道を生きた神

PROFILE

別名⦿天菩比神、天穂日命
守護分野⦿農業、稲穂、養蚕、木綿、産業、林業
出典⦿古事記、日本書紀
キーワード⦿稲穂、ほひ

⛩ 亀戸天神社（東京）、天稚彦神社（滋賀）、高鴨神社（奈良）、天穂日命神社（鳥取）、能義神社（島根）

意思を明確にすることを助ける

天之菩卑能命《あめのほひのみこと》は、天照大御神《あまてらすおおみかみ》と建速須佐之男命《たけはやすさのおのみこと》が誓約《うけい》をした際に、天照大御神の右の髪角《みずら》に巻かれていた勾玉から現れた神です。神名の「ほひ」は、「全て秀でる」や「あたたかな陽」という意味があります。

『古事記』では、天照大御神より葦原中《あしはらのなか》国《つくに》平定のため国譲りの交渉役に命ぜられ、出雲の大国主神《おおくにぬしのかみ》のもとへ行きますが、大国主神に信服してしまい結局高天原《たかまのはら》へは戻らず、そのまま出雲で暮らしたとされています。そして出雲国で、伊邪那美命《いざなみのみこと》を祀る神魂神社を建て、息子の建比良鳥命《たけひらとりのみこと》は後に出《いず》雲国造《ものくにのみやつこ》の祖神となって、出雲の地で代々出雲大社の祭祀を受け持つこととなったようです。

天之菩卑能命は私たちに、誰かの意見に惑わされることなく、自分の意思と判断をしっかりと持ち、それを信じて進んでいく強さを与えてくれます。

メッセージ

あなたが考え、深く信じていることが周囲の状況に映し出され、現実を創っています。あなたの迷いはそのまますっきりしない現実を生むでしょう。あなたの意志を明確にしましょう。勇気を持ってそれを行動することで、望む現実を創ることができます。

建御雷之男神《たけみかづちのおのかみ》

国津神に天孫降臨を
受諾させた武神

PROFILE

別名⦿武甕槌大神、鹿島神、武甕追命
所属⦿春日明神
守護分野⦿国土平定、武芸
出典⦿古事記、日本書紀
キーワード⦿雷、鹿、みかづち、ふつ
同一視されている神⦿経津主神《ふつぬしのかみ》

⛩ 鹿島神宮（茨城）、神崎神社（千葉）、牧岡神社（大阪）、春日大社（奈良）、石神神宮（奈良）

国譲りの最後の切札として大国主神に直談判

建御雷之男神《たけみかづちのおのかみ》は、伊邪那岐命《いざなぎのみこと》が火之迦具土神《ひのかぐつちのかみ》を天之尾羽張《あめのおはばり》の剣で斬り殺したとき、剣の柄を握った指の間から滴り落ちた血から現れた、八柱のうちの一神です。茨城県鹿嶋市にある鹿島神宮に祀られていることから、「鹿島神」、「鹿島様」とも呼ばれ広く親しまれています。

建御雷之男神は、国譲りが立て続けに失敗した後、天照大御神《あまてらすおおみかみ》の命により、鳥之石楠船《とりのいわくすふねの》神《かみ》と共に葦原中国《あしはらのなかつくに》へ派遣されました。彼は、天鳥船《あめのとりふね》に乗って出雲に赴き、出雲国の伊那佐《いなさ》の小浜《おばま》に降り立ちました。天之尾羽張の剣を波に突き立てるとその柄の前にあぐらをかき、大国主神《おおくにぬしのかみ》に直談判します。

服従を迫る建御雷之男神に対し、すでに隠居の身であった大国主神に代わって応対した子の事代主神《ことしろぬしのかみ》は、国譲りをあっさり承諾し、どこかへ雲隠れしてしまいます。

建御名方神《たけみなかたのかみ》を追いつめ屈服させる

しかし、大国主神のもう一人の子である建御名方神《たけみなかたのかみ》は国譲りに抵抗。建御雷之男神に力比べを申し出て、最後まで抵抗しようとしますが、建御雷之男神の力は圧倒的に強く、建御名方神の手を握りつぶして、投げ飛ばし、最後は諏訪の海まで追いつめて屈服させます。これにより、ようやく葦原中国は平定され、建御雷之男神は、その手柄を認められ、天孫降臨の一行にも加えられました。

建御雷之男神の力は、神倭伊波礼琵古命《かんやまといわれびこのみこと》（神武天皇）の東征の際にも発揮されました。熊野で高倉下《たかくらじ》の夢に現れ、落雷によって倉の棟を穿ち、自らの霊剣布都御魂《ふつのみたま》を授けて、その窮地を救ったという逸話が残っています。

あふれるパワーと知恵で現実化をサポート

建御雷之男神は、雷神、刀剣の神、弓術の神、武神、軍神として広く信仰されています。神名にある「建《たけ》」には「猛々しい」「勇ましい」という意味があり、「御雷《みか》」とは「雷」、あるいは、兄弟神である火の神、甕速日神《みかはやひのかみ》の「甕《みか》」と同じく「厳しい」といった意味の解釈もあります。そのことから、神剣の神格化であるという説や、雷神とする説があります。

建御雷之男神は強力な武力を持ち、国譲りや神武東征など重要なシーンでその力を発揮し、数々の勝利をもたらしてきました。また、雷は直感や天啓といった意味を持っています。

建御雷之男神は直感を地上で表現し、行動するためのパワーと知恵を私たちに授けてくれます。

メッセージ

わたしは無知という幻想を打ち砕く、大いなる雷。閃きと直感をもたらし、あなたに真実と行動力を与えましょう。あなたがどのように行動したらよいのかは直感やフィーリングが教えてくれます。天と意識を繋げ、喜びと情熱の力を使って思うままの人生を表現してみましょう。

事代主神《ことしろぬしのかみ》

国譲りで
潔く撤退をした神

PROFILE

別名⦿積羽八重事代主神、八重事代主神《やえことしろぬしのかみ》、事言代主命、事代主神
所属⦿三嶋明神
守護分野⦿託宣、釣り、海、商業
出典⦿古事記、日本書紀
キーワード⦿釣り、直感、ことしる
同一視されている神⦿恵比須神

⛩ 諏訪大社下社（長野）、三嶋大社（静岡）、長田神社（兵庫）、美保神社（島根）ほか

託宣で天の意思を伝える

事代主神《ことしろぬしのかみ》は大国主神《おおくにぬしのかみ》の息子。神名の「ことしろ」は「言知る」の意味で、託宣を司る神です。国譲り神話で、建御雷之男神《たけみかづちのおのかみ》が大国主神に国譲りを迫ると、大国主神は「美保崎で漁をしている息子が答える」といって難を逃れるのですが、事代主神は「お言葉とおりに天照大御神のご子孫にこの国を譲ります」と、あっさりと服従してしまったそうです。このとき釣りをしていた姿から、恵比須神と同一神であるともされています。これらは出雲神話などにおける話で、それらとは全く別の大和神話の中では、葛城王朝の重要な神として扱われており、後に天皇との繋がりもあって、現在でも宮中の八神殿に天皇を守護する巫女八神の一柱として祀られています。

事代主神は、神懸かる力を持って、私たちに様々な直感を与えてくれています。

メッセージ

あなたに与えられた直感の力を大切にしてください。頭で考えることをやめ、ハートに耳を傾けてください。あなたが思い込みや思考を手放し、心を平和に保つことで、天からの知恵やインスピレーションを受け取ることができます。

建御名方神《たけみなかたのかみ》

相撲の起源を創った神

PROFILE

所属◉諏訪明神

守護分野◉戦、神風、農耕、狩猟、治金ほか

出典◉古事記

キーワード◉軍神、相撲

⛩ 諏訪大社上社・下社（長野）、諏訪神社（長崎）ほか、全国の諏訪神社

弱さを受け入れる勇気を教える

建御名方神《たけみなかたのかみ》は大国主神《おおくにぬしのかみ》の息子で、事代主神《ことしろぬしのかみ》の弟です。神氏の祖先とされており、神氏の子孫である諏訪氏などの氏神です。また建御雷之男神《たけみかづちのおのかみ》と経津主神《ふつぬしのかみ》と共に、日本三大軍神とされています。

国譲り神話では、事代主神が国譲りを承諾したので、「建御名方神が承諾すれば、もう誰も文句をいう者はいないだろう」と、大国主神は建御雷之男神に伝えます。そうして国譲りを迫りにきた建御雷之男神に対し建御名方神は力比べを挑むのですが、全くかなわず降参をして、国を譲りました。このときの力比べが相撲の起源になったといわれています。力自慢であった建御名方神は自分の弱さに屈しましたが、最後は軍神として祀られています。建御名方神は私たちに、ときには自分の弱さを素直に受け入れ、そこからもう一度立ち上がる勇気を教えてくれます。

メッセージ

強がりを捨て、あなたの中の弱い部分を認めましょう。あなたが素直にありのままの自分を見ることで、あなた自身の位置や課題を確認することができます。弱さや失敗はすべてあなたの貴重な経験となり、次の収穫の基盤となっていくのです。

邇邇芸命《ににぎのみこと》

高天原から降臨した
天照大御神の孫

PROFILE

別名◉瓊瓊杵尊、邇邇芸尊、天邇岐志国邇岐志天津日高日子《あめにきしくににきしあまつひこひこ》番能邇邇芸命《ほのににぎのみこと》、天邇岐志、国邇岐志、天日高日子

所属◉日向三代／守護分野◉稲穂、鎮護国家

出典◉古事記、日本書紀

キーワード◉稲穂、皇室、にぎにぎしい

同一視されている神◉経津主神《ふつぬしのかみ》

⛩ 築土神社（東京）、射水神社（富山）、高千穂神社（宮崎）、新田神社（鹿児島）ほか

天照大御神《あまてらすおおみかみ》の命で高天原《たかまのはら》より遣わされる

邇邇芸命《ににぎのみこと》は、父が天照大御神と建速須佐之男命《たけはやすさのおのみこと》との誓約《うけい》によって生まれた御子で、天照大御神の孫です。ようやく平定した葦原中国《あしはらのなかつくに》を、神の手によって統治するため、父、正勝《まさかつ》吾勝勝速日天之忍穂耳命《あかつかちはやひあめのおしほみみのみこと》に代わって、高天原《たかまのはら》から地上に降り立ったのが、生まれたばかりの御子、邇邇芸命で、有名な天孫降臨の主役でもあります。母は高天原《たかまのはら》の主導者であった高御産巣日神《たかみむすひのかみ》の娘、万幡豊秋津師比売命《よろずはたとよあきつしひめのみこと》。兄に、天火明命《あめのほあかりのみこと》がいます。

天照大御神は、降臨する邇邇芸命に、直系の天孫の証である八尺瓊勾玉《やさかにのまがたま》、八尺鏡《やたのかがみ》、そして草薙剣《くさなぎのつるぎ》の三種の神器を与えます。さらに、思金神、天手力男神《あめのたぢからおのかみ》、天児屋命《あめのこやねのみこと》、布刀玉命《ふとだまのみこと》、天宇受売命ら、天岩戸《あまのいわと》隠れのときに活躍した五柱の神をはじめ、国譲りに奔走した武神、建御雷之男神《たけみかづちのおのかみ》ほか、多くの神々を伴わせました。

猿田毘古神《さるたびこのかみ》の案内で「高千穂峰」に降り立つ

邇邇芸命らは、国津神の猿田毘古神《さるたびこのかみ》に導かれ、南九州の高千穂峰に天降ります。一行が降臨した場所についてははっきりと特定できていません。一般的にいわれているのは「筑紫の日向の高千穂」ですが、この「日向の高千穂の峰」というのが、宮崎県だけで少なくとも二ヵ所あるのです。ひとつは宮崎県西諸県高原町の高千穂峰。その山頂には、邇邇芸命が国家安定を願って突き刺したといわれる天逆鉾《あまのさかほこ》がご神体となっています。奈良時代にはすでに刺さっていたというこの鉾を、幕末の志士坂本竜馬が新婚旅行で訪れた際、引き抜いて見せたというエピソードは有名です。もう一ヵ所、宮崎県西臼杵郡高千穂町のくじふる峰も有力な候補地とされ、論争は今も続いています。

永遠の命を失い天皇の始祖となる

葦原中国に拠点を築いた邇邇芸命は、国津神の首長である大山津見神《おほやまつみのかみ》の美しい娘、木花《このはな》之《の》佐久夜毘売《さくやびめ》を見初め、結婚して三柱の御子をもうけます。ちなみに、この結婚にはいわくがあり、もし、容姿に劣る姉の石長比売《いわながひめ》とも結婚していればその神の力で、邇邇芸命は永遠の寿命を得られたはずでした。

神名に「日（太陽）の子」という神直系の孫を示す邇邇芸命は、満を持して降臨し、葦原中国を見事治め、さらにこの結婚によって文字どおり天と地を結ぶ存在となり、天皇の始祖となりました。天と地の融合、つまり天の知恵を地上で表現することを助け、自然の中にも神々の知恵や姿が備わっていることを教えてくれています。

メッセージ

あなたの魂の原点を思い出してください。あなたは天の意志をこの地上で実現するために生まれてきた、光であり神の子です。地に足をつけ、目ざめた状態でいまを生きてください。心と体をひとつにし、大地にしっかり立って、天の知恵を受け取り、そして地上へ降ろしましょう。

三種の神器《さんしゅのじんぎ》

八尺瓊勾玉《やさかにのまがたま》、八尺鏡《やたのかがみ》、草薙剣《くさなぎのつるぎ》

直系の天孫であること
を示す皇位の象徴

PROFILE

別名◉八咫鏡《やたのかがみ》、天叢雲剣《あめのむらくものつるぎ》、都牟刈《つむがり》の大刀《たち》、八重垣剣《やえがきのつるぎ》

所属◉三種の神器

守護分野◉鎮護国家

出典◉古事記、日本書紀

キーワード◉皇位

⛩ 皇居（東京）、熱田神宮（愛知）、皇大神宮（三重）

天孫降臨の際に天照大御神より授かる

八尺瓊勾玉《やさかにのまがたま》、八尺鏡《やたのかがみ》、草薙剣《くさなぎのつるぎ》これら三つの宝物を総称して、三種の神器と呼びます。「天岩戸隠れ《あまのいわと》」のときに使用された八尺瓊勾玉と八尺鏡、そして、建速須佐之男命《たけはやすさのおのみこと》が、出雲で倒した八岐大蛇《やまたのおろち》の尾から抜き取り、天照大御神《あまてらすおおみかみ》に献上したという草薙剣。これらが三種の神器といわれるのは、それが直系の天孫を継承する証となる宝物だからです。

三種の神器は、天照大御神の孫、すなわち天孫である邇邇芸命《ににぎのみこと》が、高天原から葦原中国に降臨したときに授けられたといわれます。ちなみに、天孫降臨の際には、八尺瓊勾玉《やさかにのまがたま》を作った玉祖命《たまおやのみこと》、八尺鏡を造った伊斯許理度売命《いしこりどめのみこと》も同行していたといわれます。この三種の神器は、以後、たびたび歴史の表舞台に登場しながら、歴代の天皇に受け継がれてきました。

数奇な運命をたどった末、三カ所に祀られる

三種の神器は、当初、皇居で祀られていましたが、崇神天皇の時代、生活と同じ場所に置くことを畏れた天皇が、娘の豊鍬入日売命《とよすきいりひめのみこと》に神託し、八尺鏡と草薙剣を倭国笠縫邑《かさぬいのむら》に移

しました。その後、垂仁天皇の時代になって、後を継いだ倭比売命《やまとひめのみこと》の神託により、伊勢に落ち着きます。

神器は、歴史上で何度も危ない目に遭ってきました。源平最後の壇ノ浦の戦いでは、源義経の軍に追いつめられた幼い安徳天皇とその祖母、二品禅尼が、三種の神器と共に入水。その後、玉と鏡は見つかったものの剣は水没してしまったという説もありますが、その真偽は謎のままです。現在は、伊勢の皇大神宮に八尺鏡を、皇居に八尺瓊勾玉を、熱田神宮に草薙剣を祀り、それぞれ厳しく神性を守られ、天皇すら見てはならないとされています。

現代の優れた三品にもたとえられる

鏡、玉、剣の三点セットは、皇室に限らず、各地の古墳などから揃って出土することも多く、古代の支配者の象徴であったと考えられています。儒学では、鏡を「知」、玉を「仁」、剣を「勇」というように、三徳を表すと解釈されていますが、日本では昭和になって、近代化を象徴する家電製品に、この言葉が使われました。最初は、白黒テレビ、冷蔵庫、洗濯機の三つで、以後、時代を追って品物は様変わりしています。

このように形を変えて人々の生活の中に残ってきた神器は、「知」、「仁」、「勇」といった大切な三徳を、モノという形の中で教え、示しているのかもしれません。

メッセージ

「知」は、神の知恵。「仁」は、思いやりの心、すなわち愛。そして「勇」は、正しいことを敢然と実行すること。天から与えられたこの三種の知恵を、あなたの人生に取り入れてください。これらをバランスよく使うことで、あなたは本当に望む現実を生きられるようになるでしょう。

猿田毘古神《さるたびこのかみ》

天孫一行を道案内した
有力な国津神

PROFILE

別名⦿猿田彦大神、猿田毘古大神、猿田毘古之男神、猿田彦命
守護分野⦿道案内、導き
出典⦿古事記、日本書紀
キーワード⦿天狗、さる
同一視されている神⦿天狗

⛩ 椿大神社（三重）、都波岐神社（三重）、奈加良神社（三重）、猿田彦神社（三重）、伏見稲荷大社（京都）

天孫降臨《てんそんこうりん》の際、地上への道案内を務める

猿田毘古神《さるたびこのかみ》は、伊勢地方に本拠を置く有力な国津神《くにつ》。天孫降臨《てんそんこうりん》の際、高天原《たかまのはら》と葦原中国《あしはらのなかつくに》の境にある分かれ道「天之八衢《あめのやちまた》」に立って、邇邇芸命《ににぎのみこと》らを出迎え、先導を務めました。このことから、猿田毘古神は境界の守護神、あるいは道案内の神とされています。

天と地双方に光を放ち、眼光鋭く、背が高く、赤ら顔で、長い手足と鼻を持つその容貌は、天狗の首領とも目されています。最初、あまりに異様なその姿を認めた邇邇芸命は、眼力に優れた天宇受売命《あめのうずめのみこと》を遣いに差し向け、その真意を確かめさせたほどです。乳房をあらわに挑発的な態度で問いかける天宇受売命に、猿田毘古神は自らを名乗り、迎えにきた旨を伝えます。無事高千穂に降り立った邇邇芸命は、道案内をしてくれた猿田毘古神を故郷の伊勢まで送るよう天宇受売命に命じます。

天宇受売命を従えて故郷の伊勢に帰る

伊勢国五十鈴川の川上に着いた二柱は、そのまま共に暮らし、天宇受売命は猿女《さるめ》の君と

名を改め、長く仕えることになります。ずっと後になって、倭比売命《やまとひめのみこと》が天照大御神《あまてらすおおみかみ》を祀る場所を探して諸国を巡っていたとき、猿田毘古神の子孫である大田命《おおたのみこと》が先導し、川上一帯を献上したとされますが、天孫降臨の際に高千穂への道案内を申し出たのは、後の伊勢への遷宮を期して、天津神への従属を示したものともいえるかもしれません。大田命の子孫は、宇治土公《うじのつちぎみ》と称し、代々伊勢神宮の玉串大内人《たまぐしおおうちびと》に任じられ、一方、猿女の君は、後に宮中祭祀における巫女や女儒《めのわらわ》（下級女官）を輩出する神官職の名となっています。

伊勢の海で貝に手を挟まれ溺死する

猿田毘古神は、その後、伊勢の阿邪訶《あざか》の海で漁をしていたときに、比良夫貝《ひらふがい》に手を挟まれ溺れてしまいます。この際、海に沈んだときに「底どく御魂」、吐き出した息の泡が昇ったときに「つぶたつ御魂」、泡が水面で弾けたときに「泡さく御魂」と、三柱の神が生まれましたが、そのまま比良夫貝に引きずられて溺れ死んでしまいました。

元は稲作の神でしたが、神田（神社が所有する田）の守護神、そして旅の安全を守る神となりました。さらに、村の中心や道端などにある道祖神（地蔵）として、その姿を見ることができます。

猿田毘古神は、高天原の神々を案内したように、私たちの人生の道案内役を担っています。岐路に立ったとき、正しい道を照らしてくれるでしょう。

メッセージ

あなたが人生の岐路に立ったときや迷いで前に進めないとき、わたしの名を呼び深呼吸をしてください。呼吸と共に心の奥深くに入って、正直な気持ちを見つめてみましょう。ハートが喜びを感じる選択こそがあなたの真実です。それが指し示す道に、まず一歩を踏み出しましょう。

木花之佐久夜毘売《このはなのさくやびめ》

邇邇芸命の御子を
産んだ美しい女神

PROFILE

別名⊙木花開耶姫命、木花之佐久夜毘売命、神阿多都比売、鹿葦津姫《かやつひめ》

守護分野⊙妻の守護、酒造、山火鎮護、五穀豊穣、養蚕、縁結び、子授け、安産、芸術など

出典⊙古事記、日本書紀

キーワード⊙富士山、木の花（桜）、さくや

浅間神社（山梨）、富士山本宮浅間大社（静岡）ほか、全国の浅間大社

その美貌で邇邇芸命《ににぎのみこと》に見初められる

木花之佐久夜毘売《このはなのさくやびめ》は、国津神の首長である大山津見神《おほやまつみのかみ》の娘。神名の「木花」は特に桜を意味します。「波の穂の上にやひろ殿をたてて　手玉《ただま》も　もゆらに　機織る少女」という美しい表現が『日本書紀』にもあるように、咲き誇る桜のような絶世の美女として有名です。

天孫降臨《てんそんこうりん》を果たした邇邇芸命《ににぎのみこと》が、あるとき吾田（現在の鹿児島県）の笠紗《かささ》の岬を歩いていると、木花之佐久夜毘売に出会い、その美しさに魅せられて、さっそく父神に結婚を申し出ます。父の大山津見神は大いに喜んで快諾。姉の石長比売《いわながひめ》も共に娶《めと》ってほしいと頼みます。ところが、姉神はあまり容姿が美しくなかったため邇邇芸命はこれを拒否。しかし、花の命は短いもの。その名のとおり、石のように強固な生命力を持つ石長比売を拒んだことで、皇孫の寿命は限られたものになってしまったのです。

燃えさかる産屋で出産し貞操を証明する

こうして木花之佐久夜毘売は、邇邇芸命と結婚しますが、たった一夜の契りで身籠ったため、国津神《くにつ》の子ではないのかと邇邇芸命に疑われてしまいます。そこで、木花之佐久夜毘売は「もし、おなかの子が国津神の子なら、無事には生まれないはず」と、産屋にこもって自ら火を放ちます。燃えさかる炎の中、木花之佐久夜毘売は、海幸彦《うみさちひこ》、火須勢理命《ほすせりのみこと》、山幸彦《やまさちひこ》の三柱の御子を出産。潔白を証明しました。

父神は、孫の誕生を喜び、産屋に火を放つほどの母なる強さに感じ入って、わが娘に秀峰富士山を与えます。また、狭名田の茂穂で天舐酒《あまのたむけざけ》（現在の甘酒）を造って祝ったことから、大山津見神は酒解神《さかとけのかみ》、木花之佐久夜毘売は酒解子神《さかとけこのかみ》とも呼ばれ、共に日本酒の祖神となっています。

強く美しい女性として富士信仰とも結びつく

木花之佐久夜毘売は浅間大社の主祭神で、火消しの神や安産、子育ての神として全国の浅間神社にも祀られています。富士信仰との結びつきは比較的新しいともいわれていますが、富士山の山開きの日には、現地へ参ることができない人々は地元の浅間神社に参詣するのが慣わしでした。

木花之佐久夜毘売は見目麗しく、強い意志を持つ、まさに良妻賢母の鏡。女性たちの永遠のあこがれでもあります。天界と地上を結びつけ、強大な火をも制御する霊力を内に秘めた木花之佐久夜毘売は、特に女性に創造のエネルギーを与えてくれています。

メッセージ

わたしは魂のつぼみを開く目覚めの光。愛の力であなたを守り、知恵とアイディアと真の勝利をもたらします。美と調和は天の最高の祝福。身の振る舞い方、話し方すべてに愛と美を取り入れ、日常の中に美をもたらし、愛と配慮と知恵を持って、自分の真実の道を歩みましょう。

石長比売《いわながひめ》

容姿が劣り邇邇芸命に
拒まれた姉神

PROFILE

別名⦿磐長姫《いわながひめ》

守護分野⦿不老長寿、縁結び

出典⦿古事記、日本書紀

キーワード⦿岩、いわなが

⛩ 月水石神社（茨城）、雲見浅間神社（静岡）、伊砂砂神社（滋賀）、貴船神社（京都）、磐長姫神社（兵庫）

結婚を果たせず皇孫の寿命を左右する

石長比売《いわながひめ》は木花之佐久夜毘売《このはなのさくやびめ》の双子の姉神です。石長比売は、父、大山津見神《おほやまつみのかみ》の計らいで、邇邇芸命《ににぎのみこと》に見初められた妹神と一緒に嫁ぐはずでしたが、たくさんの献上品が添えられたにもかかわらず、邇邇芸命に気に入られず、一人送り返されてしまいました。

二人の娘を差し出した大山津見神の思惑は、ただ天孫の繁栄を願ってのことでした。「木花之佐久夜毘売を奉ったのは、木の花の栄えるがごとく御子も栄えるように」。そして「石長比売を奉ったのは、風が吹いても雨が降っても、御子の命が岩のように永久にあるように」。容姿に劣る石長比売を拒んだことによって、神の御子の寿命は華やかに栄えても、はかなく短く散り落ちてしまうだろうと、父神は嘆きました。神徳の篤い国津《くにつ》神の首長による、せっかくの好意が、無となってしまったわけです。

身の上を恥じ入りひっそりと暮らす

一方、親元へ送り返された石長比売は、その身の上を恥じ入って、ひっそりと暮らしたといいます。確かに、石長比売が祀られた伊豆半島の雲見浅間神社からそれほど遠いわけでもないのに、富士山は決して見えません。

ところが、その化身とされる大室山の山頂からは、晴れた日には北西の方角に、くっきりと富士山を望むことができます。しかし、思わず富士山の美しさをほめてしまうと、石長比売の妬みを買ってたたりがあるとされ、富士をほめることは禁忌となっているのです。大室山に登ったときは、富士山を愛でるより、むしろその絶景を与えてくれる環境を喜ぶほうがいいかもしれません。

縁結びの神として人々の繁栄を願う

父、大山津見神が「御子の命が岩のように永久にあるように」と願ったように、石長比売は、石（岩）のように堅く丈夫で、永久、永遠を象徴する岩の精霊。人間の命、寿命にも深く関わっているようです。

人間が短命になったのは、神の御子を身籠った木花之佐久夜毘売を石長比売が呪ったことが原因ともいわれています。しかし、貴船神社の由来によれば、妹の幸せを願い「われ長くここにありて縁結びの神として世のため人のため良縁を得させん」と、この地に鎮まった石長比売は心根やさしく、奥ゆかしい女神です。

瞬時に輝く花の雅びと、苔むす岩の悠久。そのどちらにも価値はあり、両方を大切にしてこそ幸いは得られるということなのでしょう。

メッセージ

あなたが築いた人間関係をいま一度よく見つめてください。その関係性のひとつひとつは、あなたに何を教えてくれているでしょうか。あなたが出会う人の言動、そこに映る姿はすべてあなたを映し出す鏡です。あなたの学びを人間関係の中に見い出し、真実を探してください。

天界の命に背いた神

天若日子《あめのわかひこ》

天津国玉神《あまつくにたまのかみ》の子で美男子。葦原中国を平定する命を受け、高天原より遣わされたのですが、高比売命《たかひめのみこと》と結婚をし、国を自分のものにしよう……などと、邪心を抱きます。その行為に天罰を下すため、高御産巣日神《たかみむすひのかみ》が高天原から矢を放つと、その矢は寝ていた天若日子の胸に突き刺さり、亡くなりました。天若日子は、穀物神ですが、天界に反逆した神のためか、「神」や「命」といった尊称は付いていません。

PROFILE

別名⊙天稚彦
守護分野⊙穀物
出典⊙古事記、日本書紀
キーワード⊙天羽々矢、わかひこ

⛩ 喪山天神社(岐阜)、安孫子神社(滋賀)

夫を愛したあまりの悲話

高比売命《たかひめのみこと》

大国主神《おおくにぬしのかみ》の娘で、天若日子《あめのわかひこ》の妻。阿遅志貴高日子根神《あぢしきたかひこねのかみ》を亡くなった夫と見間違えてしまい、怒らせてしまったので、彼の名を世に知らしめる「夷振《ひなぶり》」という歌を詠み償いました。鳥取の倭文神社では、出雲から船で渡ってきた高比売命が御冠山に登り、その社に鎮まったといわれています。また、その際着船したとされる場所（現在の湯梨浜町）には、高比売命が化粧を直した「化粧水」や、腰をかけた「お腰掛岩」などが残っています。

PROFILE

別名⦿下照姫命、下光比売命《したてるひめのみこと》

守護分野⦿安産、和歌

出典⦿古事記、日本書紀

キーワード⦿したてる

売布神社（兵庫）、高鴨神社（奈良）、倭文神社（鳥取）

美しい機を織る女神

万幡豊秋津師比売命《よろずはたとよあきつしひめのみこと》

万幡豊秋津師比売命《よろずはたとよあきつしひめのみこと》は細やかな織物の神です。別名の「たく」は白膠木《ぬるで》のことで「はた」は機、「ちぢ」は縮むの意味とも、たくさんあるの意味ともいわれ、上質の織物や機織が盛んな様子を表しています。神名の「あきつ」は秋津波と呼ばれる蜻蛉のことで、これらをまとめると、とんぼの羽のように薄くてきれいな織物のことなります。正勝吾勝勝速日天之忍穂耳命《まさかつあかつかちはやひあめのおしほみみのみこと》と結婚をして、天火明命《あめのほあかりのみこと》と邇邇芸命《ににぎのみこと》の二柱を生みました。

PROFILE

別名⦿栲幡千千姫命《たくはちぢひめのみこと》

守護分野⦿機織り、生地

出典⦿古事記、日本書紀

キーワード⦿機織り、はた

⛩ 塩沢神社内機織御前社（福島）

コラム②神仏習合と本地垂迹

古来より日本の神々は、姿形のない存在でした。形のない神様を敬う信仰が長く続いていた日本に、仏像とともに仏教が伝わったのが六世紀半ばのことです。当時の権力者の意向により推進された仏教ですが、全ての日本人がすんなりと受け入れたわけではなかったようです。

仏教が広まってゆく中で、仏像など形あるものは、信じやすく、拝みやすかったのでしょう。やがて神様と同様に仏様も広く受け入れられるようになり、神と仏を一緒に祀る神仏習合という形をとるようになります。

その流れの中で、仏教が浸透していくと同時に本地垂迹という考え方が広まっていきました。これは、仏を「本地（本体）」とし、神を「垂迹（＝仮の姿）」とする、仏教側から見た神仏習合のひとつの節で、平安時代中期以降には一般に広がっていたようです。

たとえば、八幡神の本地仏は阿弥陀如来であり、天照大御神は、大日如来・観音菩薩、建速須佐之男命は牛頭天王、大国主神は大黒天のそれぞれ変化したものとみなされました。また金毘羅権現などの「権現」も仏が仮の姿で現れたという意味で本地垂迹の考えにもとづいています。その後明治初年の神道分離政策まで日本の神と仏は特殊な同居関係が続き、神仏が分離されて本地垂迹は次第に薄れていきました。

（文＆イラスト）
前田有香

第五章 人皇誕生

皇室の祖は、
天照大御神とされています。
そのわけは、これらの神話から
伝えられてきたようです。

この章に関係する主な神々

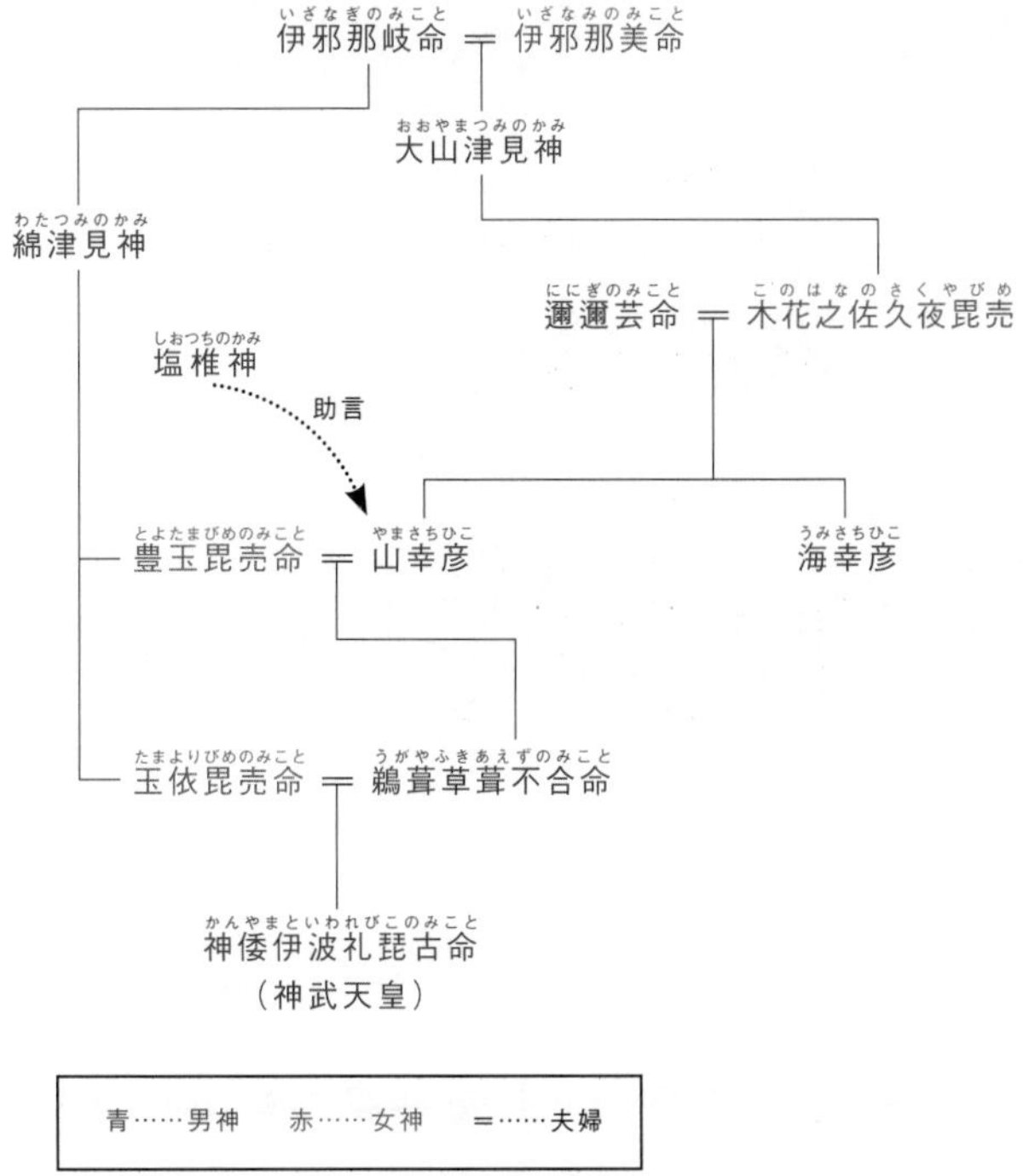

海幸山幸神話《うみさちやまさち》

　葦原中国《あしはらのなかつくに》へ天降りをした邇邇芸命《ににぎのみこと》は、木花之佐久夜毘売《このはなのさくやびめ》に一目惚れをして求婚をなさいます。木花之佐久夜毘売の父、大山津見神《おほやまつみのかみ》に承諾を得ると、二柱は晴れて結婚をされました。木花之佐久夜毘売は邇邇芸命とたった一度の交わりで、身籠りました。あまりに早い懐妊に我が子であることを信じようとしない夫の認知を得るため、火を放った産屋で出産をし、天の神の子であることを証明してみせました。その炎の中で生まれたのが、山幸彦《やまさちひこ》と海幸彦《うみさちひこ》です。

　山幸彦は山での狩猟を得意とし、海幸彦は海での漁を得意としていましたが、あるとき山幸彦の発案で、お互いの道具を取り替えて、山幸彦は海へ、海幸彦は山へ行くことにしました。結果は散々で、何も捕まえることができないばかりか、山幸彦にいたっては海幸彦の大切な釣り針を失くしてしまいます。それに怒った海幸彦は、山幸彦に釣り針を探し出すよう難題を与えます。

　広大な海を眺め途方に暮れていた山幸彦の前に塩椎神《しおつちのかみ》が現れて、海中にある綿津見《わたつみ》神《かみ》の宮殿へ行くようにいわれます。山幸彦が宮殿を訪れると、豊玉毘売命《とよたまびめのみこと》に出会い、二柱の恋に、綿津見神も喜んで二柱を結婚させました。山幸彦は三年間宮殿で幸せに暮らしていましたが、気がかりとなっていた本来の目的を果たすため、赤鯛の喉に刺さった釣り針を見つけると、地上へ戻ることにしました。

綿津見神は、地上へ戻ると海幸彦の妨害に遭うことを予知し、それを阻止するため釣り針に呪いをかけ、山幸彦に潮満珠《しおみつだま》と潮乾珠《しおふるだま》を授けました。そのおかげで、地上に戻った山幸彦は海幸彦に屈服させることができたのでした。

初代天皇誕生

豊玉毘売命は子を身籠り、地上に戻った山幸彦に会いにきます。しかし豊玉毘売命は実は鮫の化身。そのことを知られた豊玉毘売命は、御子を置いて海へと戻ってしまいました。

しかし、我が子の成長が気になる豊玉毘売命は、妹の玉依毘売命《たまよりびめのみこと》に地上へ行き、乳母となるよう頼みます。玉依毘売命は姉の願いを聞き入れ御子の乳母となり、その後、成長したその御子と結婚をしたのでした。

そして、四柱の御子に恵まれ、その四番目に誕生されたのが神倭伊波礼琵古命《かんやまといわれびこのみこと》です。この方が初代天皇の神武天皇となられたのでした。

山幸彦《やまさちひこ》

海神の娘と結ばれる
神から人への繋ぎ役

PROFILE

別名◉彦火火出見尊、天津日高彦穂穂出見尊、火遠理命《ほおりのみこと》、天津日高日子穂穂手見命《あまつひこひこほほでみのみこと》、山佐知毘古《やまさちびこ》

所属◉日向三代《ひむかさんだい》

守護分野◉稲穂、農業、水

出典◉古事記、日本書紀

キーワード◉稲、やまさち

⛩ 駒形神社（岩手）、若狭彦神社（福井）、鹿野田神社（宮崎）、鹿児島神宮（鹿児島）

兄の釣り針を紛失して怒りを買う

山幸彦《やまさちひこ》は、邇邇芸命《ににぎのみこと》と木花之佐久夜毘売《このはなのさくやびめ》の間に生まれた三柱のうちの末っ子。産屋が火で燃え尽きて、鎮まりかけたときに生まれたため、別名を「火遠理命《ほおりのみこと》」といいます。ただ、もうひとつの別名、「天津日高日子穂穂手見命《あまつひこひこほほてみのみこと》」が、「天津」、「日子」、そして稲穂の「穂」と、全て邇邇芸命に連なることから、実は末っ子ではなく、山幸彦こそが唯一の天孫の嫡流という説も有力です。

山幸彦は、兄の海幸彦《うみさちひこ》と対照的に、山で狩りをして暮らしていましたが、あるとき、海の漁にも挑戦してみたくなり、兄から釣り針を借りて、魚を釣ろうとします。ところが、全く釣れない上、肝心の針を失くしてしまいます。兄は怒り、弟が自分の剣を千本の釣り針に作り直しても、「元の針でなければだめだ」と、どうしても許してくれませんでした。

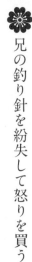

綿津見神《わたつみのかみ》の宮で豊玉毘売命《とよたまびめのみこと》と結ばれる

万策尽きて、海辺で泣いていた山幸彦は、塩椎神《しおつちのかみ》の助言により綿津見神の宮殿に行き、そこで綿津見神《わたつみのかみ》の娘、豊玉毘売命《とよたまびめのみこと》に出会って、たちまち恋に落ちます。父の海神はとても喜び、豊玉毘売命を嫁として差し出しました。綿津見神は、伊邪那岐命《いざなぎのみこと》の禊《みそぎ》の際に生まれた神ですから、天孫の御子である山幸彦との結婚を歓迎しないはずはありません。こうしてあっという間に三年という月日が経ってしまいました。

しかし、兄とのことが心残りな山幸彦は次第に打ち沈むようになり、事情を聞いた綿津見神は、海に棲む生物たちを集めて、釣り針のありかを尋ねその釣り針を見つけ出します。これを持って山幸彦は故郷に帰り、綿津見神のアドバイスにより、海幸彦を屈服させました。

神話から現実の歴史世界への幕を開く

山幸彦の父、邇邇芸命は、山の神の娘である母、木花之佐久夜毘売を妻としました。そして、もとは山に生きていた山幸彦は、水の神でもあり、農業と漁業すなわち地上の富の大半をもたらす綿津見神のサポートにより、その娘、豊玉毘売命と結ばれ、海の民であった兄を従わせることになりました。これらの神話は、山と海の力がひとつとなり、天孫族による支配がさらに強固なものになったことを、世に知らしめる働きもあったようです。

山幸彦は日向三代《ひむかさんだい》と呼ばれる系譜の一人として、神話と現実世界とを繋ぎ、神話に込められた教えを伝える役割を果たす神のようです。

メッセージ

あなたがいま人生で直面している問題の答えを外に求めないでください。答えはあなたの中に存在しています。心の奥深くに入り、本当の気持ちと対話をしてあなたのどんな心がその現実を引き寄せたのかを考えてみましょう。心の真実を知ることで、問題は解決するでしょう。

海幸彦《うみさちひこ》

天孫の御子に服従を誓った隼人族の祖

PROFILE

別名⦿火照命《ほでりのみこと》、海佐知毘古《うみさちびこ》

守護分野⦿漁業

出典⦿古事記、日本書紀

キーワード⦿海の幸、うみさち

⛩ 潮嶽《うしおだけ》神社（宮崎）

邇邇芸命《ににぎのみこと》の長子として山幸彦《やまさちひこ》に対抗する

海幸彦《うみさちひこ》は、邇邇芸命《ににぎのみこと》の三柱の御子の長男とされています。しかし、山幸彦《やまさちひこ》に比べて、その記述はそう多く残っていません。ただ、道具を交換しようという弟の提案をしぶしぶ受け入れたり、釣り針を失くしてしまった山幸彦が、いくら謝罪しても、断固として許さなかったりと、要所要所で強く存在を主張します。

このことから山幸彦が真の天孫の嫡流であり、海幸彦は、天孫族に懸命に対抗する海の民とみることができます。日本の神話では、心やさしい末っ子が、実力者の協力を得て、長子に勝つ話がしばしば登場しますが、海幸彦山幸彦の話は、その最たるものでしょう。手ごわい兄、すなわち民を屈服させて、やさしく勇気のある弟が国を治める。日向三代《ひむかさんだい》にはじまる皇孫が、歴史上で強く印象づけられるための、ひとつの話ともとれるのです。

山幸彦にこらしめられ服従を誓う

山幸彦は、失くした釣り針を兄に返すとき、綿津見神《わたつみのかみ》のアドバイスで針に呪詛をかけます。これにより、海幸彦は、次第に貧しくなり、心が荒んでいきます。さらに、弟を恨み攻め入ろうとすると、綿津見神から与えられた潮乾珠《しおふるだま》と潮満珠《しおみつだま》で、干潮と満潮を自在に操作され、危うく溺れそうになるなど、懲らしめられてしまいます。そして最後には、山幸彦に服従を誓うことになるのです。このとき、海幸彦が満ち潮の波間を漂い、流れ着いた先が、九州南部。現在の宮崎・鹿児島あたりであるといわれています。

その後、解放された海幸彦は、この地を立派に治め、隼人族《はやとぞく》の祖となったと伝えられます。

天皇家の祖先と兄弟であることを示す

隼人族は大和朝廷時代、朝廷に仕える警備団として重要な役割を果たしました。服従の誓いを再確認するため、定期的に天皇の前で披露していたのが「隼人舞」と呼ばれる踊り。これは、水に溺れる海幸彦の姿を面白おかしく演出したものです。

別名の「ほ」は、火の意味のほかに、稲穂のことを指します。また、「でり」は「照り」で、穂が赤く熟することを意味しています。これは稲穂が色づいて熟した様子を意味していると考えられます。

海幸彦が祀られる潮嶽神社は豊作・豊漁・家内安全などがご神徳とされています。苦難の上、神（自然）に服従した彼の姿は、エゴを手放すことで、得られる宝を象徴しているのかもしれません。

メッセージ

わたしは意識を変容する炎。あなたの内側にあるネガティブな思い込みを、わたしの炎にくべ、わたしの炎ですべて焼き尽くしてください。ポジティブな意識に変成させることで、あなたは心から望む現実を創ることができ、多くの豊かさが人生にもたらされるでしょう。

豊玉毘売命《とよたまびめのみこと》

山幸彦の子を産んだ異類の姫

PROFILE

別名⦿豊玉姫命《とよたまひめのみこと》、與止日女大神、豊玉比売命、豊玉姫《とよたまひめ》

守護分野⦿海、安産、縁結び

出典⦿古事記、日本書紀

キーワード⦿鮫

⛩ 若狭姫神社（福井）、高忍日売神社（愛媛）、與止日女神社（佐賀）、海神神社（長崎）、鹿児島神宮（鹿児島）、豊玉姫神社（鹿児島）ほか、全国の豊玉姫神社

陸に上がり鵜の羽の産屋で子を生む

海神の娘、豊玉毘売命《とよたまびめのみこと》は、綿津見の宮を訪れた山幸彦《やまさちひこ》と一目で恋に落ち、そのまま海の宮で三年間、夫婦として暮らします。しかし、ため息ばかりついている夫の心中を知り、父の綿津見神《わたつみのかみ》に頼んで失くした釣り針を見つけてもらい、地上へと帰還させます。

その後、豊玉毘売命は山幸彦の子を身籠っていることがわかり、夫を追って陸に上がり、鵜《う》の羽で屋根を葺いた産屋を海辺に造ろうとしますが、間に合わず、葺きかけの産屋で出産をします。

このとき、「子を生むときは、もとの姿に戻るので、決して見ないでほしい」と夫に告げたのですが、山幸彦はそれを不思議に思い、中を覗いてしまいます。そのとき山幸彦が見たのは、美しい姫ではなく生みの苦しみにのたうちまわる鮫の姿でした。

出産の姿を見られ海の国に帰る

本来の姿を夫に見られたことを知った豊玉毘売命は、嘆き悲しみ、わが身を恥じて、生まれたばかりの子を草でそっと包むと、海辺に置いたまま綿津見の国に帰ってしまいます。このとき生まれた御子が鵜葺草葺不合命《うがやふきあえずのみこと》です。

豊玉毘売命は去る際に、海と陸との通路も閉じてしまいます。二度と行き来しないという覚悟の別れであったと推察できますが、母として、妻としての思いは断ち切れず、悲しみにくれる心情を歌にして、妹の玉依毘売命《たまよりびめのみこと》に、山幸彦への文を託します。

また、それに答える山幸彦の返歌には、夫婦の約束を破り、取り返しのつかないことをしてしまった後悔の念が込められていたといわれています。

夫とわが子への想いに、悲しみに沈む

民話の「鶴女房」をはじめ、異類の妻が子孫を誕生させるといった話は、世界各地に残されています。いずれも、男は好奇心や猜疑心《さいぎしん》を抑えられずにタブーを侵し、愛する者を失う代わりに、富や権力を得ます。

確かに山幸彦も、豊玉毘売命との結婚によって、山と海の双方を支配することになり、さらに、母の愛を知らない御子の鵜葺草葺不合命が、その国土統治の基盤を確実にしました。

異類同士の結婚は悲劇に終わることも多いものですが、その悲しみや苦悩を超えて、大願の成就に至るというプロセスは、私たちが生きる上での重要なヒントを与えてくれているようです。

メッセージ

目に見える形、外からもたらされる情報にとらわれ過ぎないでください。真実は常に自分の内側、心で感じることができるのです。形や目に見えるものだけにとらわれていると、大切な真実を見逃すことになります。あなたにとっての真実と光を、心の奥に探してみてください。

玉依毘売命《たまよりびめのみこと》

神と人を繋ぐ
初代・神武天皇の母

PROFILE

別名◉玉依姫命、玉依媛命、玉依姫尊《たまよりひめのみこと》
守護分野◉海、養育
出典◉古事記、日本書紀
キーワード◉乳母

⛩ 玉前神社（千葉）、賀茂御祖神社（京都）、釜戸門神社（福岡）

姉に代わり御子を育て、やがて妻となる

玉依毘売命《たまよりびめのみこと》は、綿津見神《わたつみのかみ》の娘で、山幸彦《やまさちひこ》の妻である豊玉毘売命《とよたまびめのみこと》の妹神です。

玉依毘売命は山幸彦と別れて海に帰った姉神に代わって、残された御子の鵜葺草葺不合命《うがやふきあえずのみこと》を育てました。豊玉毘売命に頼まれ、山幸彦を想って詠んだ歌を携えて養育しにきたとか、出産に同行し、玉依毘売命だけが養育のためにそのまま残ったとか、あるいは、豊玉毘売命がいったん御子を海に連れて行こうとしたが、思い直して妹に託したなど、この件に関しては様々な説がありますが、天孫の孫を生み育てるという面では、姉妹とも同じ役割を担っていたといえます。

やがて、成長した鵜葺草葺不合命は、叔母であり、養母である玉依毘売命と結婚し、五瀬命《いつせのみこと》、稲氷命《いなひのみこと》、御毛沼命《みけぬのみこと》、若御毛沼命《わかみけぬのみこと》の四柱の御子をもうけます。

四柱の御子の末子が天皇となる

玉依毘売命が生んだ四柱の御子のうち、次男の稲永命は、先に母の国である海原へ行き、

三男の御毛沼命は、自ら常世《とこよ》の国に渡ってしまったといわれます。

結局、天下統治のために立ち上がったのは二柱だけでした。しかも、東征を提案した当の長男の五瀬命は、その途中で死んでしまいます。残った末っ子の若御毛沼命の本名は、神倭伊波礼琵古命《かんやまといわれびこのみこと》。「倭」は古代王権が築かれた大和地方、「伊波礼（磐余）」は、現在の橿原市付近のこと。すなわち、この神こそが、最初の大和朝廷を築いた、後の神武天皇です。

神話に多く見られる末子後継説は、ここにも生かされているのです。

初代朝廷の母として神代と人を結びつける

玉依毘売命の名は、「たま」は「神霊」、「より」は「憑依と神霊との繋がりを取り持つ巫女」を意味しています。つまり、この名前は固有名詞というより、神の妻（神霊の依代《よりしろ》）となった巫女を神格化したもので、玉依毘売命を祀った神社は全国に数多く存在しています。天孫の嫡流を産んだ玉依毘売命は、もちろん、巫女のトップに君臨する存在といえるでしょう。たとえ姉の代役だったとはいえ、初代朝廷・神武天皇の母として、まさに神代と人の代を結びつける重要な役割を果たしたのです。

彼女は、海の神の娘であり巫女です。海は様々な創造的なパワーを象徴しています。雄大な海のような母なる愛を持って、創造のエネルギーを人々に伝えています。

メッセージ

人からどう思われているか気にしないで、本当のあなたを生きてみましょう。あなた方はわたしたち神の子供で、誰もが純真な心と愛の光を宿しています。心配ごとがあれば、わたしにすべてゆだねて手放してください。わたしは神の愛と共に、あなたをいつも見守っています。

神倭伊波礼毘古命《かんやまといわれびこのみこと》

大和王朝を築いた
初代天皇

PROFILE

別名⦿神武天皇、若御毛沼命《わかみけぬのみこと》、神日本磐余彦尊《かんやまといわれひこのみこと》、始馭天下《はつくにしらす》之天皇《すめらみこと》

守護分野⦿鎮護国家、建国、国家統一

出典⦿古事記、日本書紀

キーワード⦿東征、統一、やまと

⛩ 橿原神宮（奈良）、宮崎神宮（宮崎）

塩椎神《しおつちのかみ》の助言で東の国を目指す

神倭伊波礼琵古命《かんやまといわれびこのみこと》は、神武天皇の呼称で知られる天皇家の始祖であり軍神、穀物の神です。山幸彦《やまさちひこ》の息子、鵜葺草葺不合命《うがやふきあえずのみこと》と海神の娘、玉依毘売命《たまよりびめのみこと》との第四子として生まれ、大和建国神話の中心人物として名高い英雄神です。神名の「かん」は美称で、「やまと」は「大和国」、「いわれ」は桜井市の地名または「謂（いわ）れ」のある人物で始祖を意味しているとされます。

神倭伊波礼琵古命は、阿比良比売《あひらひめ》を妃とし、その息子と共に日向国《ひむかのくに》高千穂で長らく暮らしていました。あるとき、塩椎神が現れ「ここから東の方によい土地があります。これから国を治めていくには、そこに行かれるとよろしいでしょう」と助言。神倭伊波礼琵古命はそれを長男の五瀬命《いつせのみこと》に相談した結果、軍を率い東の国を目指し、日向国を出発しました。これが有名な神武東征です。

高天原《たかまのはら》の神々の助けで東征を達成

日向国を出発した一行は、豊国、筑紫国、阿岐国、吉備国と順調な旅を続けます。ところが、白肩津《しらかたのつ》（大阪湾沿岸）あたりから、戦闘によって兄を失うなど、様々な困難に見舞われ苦戦を繰り返しました。

続く熊野でも荒ぶる神の化身である大きな熊に襲われ、窮地に立たされますが、そのとき、天照大御神《あまてらすおおみかみ》が神倭伊波礼毘古命の夢に現れ、「八咫烏《やたがらす》を遣わすので、その先導で大和国に入りなさい」といわれます。その夢のお告げのとおり、大きな烏が一羽現れると一行を先導しました。ちなみにこの八咫烏は金鵄《きんし》（金色の鳶《とび》）ともいわれています。

ついに反乱する者がいなくなった頃、神倭伊波礼琵古命はちりぢりであった国をまとめて統一し、奈良の畝傍山《うねびやま》のふもと、橿原《かしはら》に宮を築いて即位しました。ここから大和の国がはじまったとされます。

神武天皇が即位したのは、紀元前六六〇年二月十一日にあたるとされ、これにより二月十一日は日本が建国された「建国記念日」として祝日に制定されました。

国家安泰、困難克服をサポート

様々の軍事的な政策を行い、国家統一、建国に至った大業を成就した功績から、神倭伊波礼毘古命は建国の神として崇められています。また、多くの困難を克服し大国を統治したことから、国家安泰や困難克服といったご神徳を持っています。さらに、三種の神器にそれぞれ込められた理念である「智と愛と勇気」に象徴されるエネルギーを司り、それらを統一し、新たな知力と創造の力を与える創造の守護神として私たちを見守っています。

メッセージ

わたしはあなたに知力を与え、安泰をもたらす創造のエネルギー。あなたは、自らが持つ創造のエッセンスである「知」、「愛」、「勇気」の力を使って、あなたの人生を成功に導くことができます。迷ったときは、わたしの光であなたの進むべき道を照らしましょう。

塩椎神《しおつちのかみ》

進むべき道へ導く
海の神

PROFILE

別名⦿塩土老翁《しおつちのおじ》、塩筒老翁、事勝因勝長狭神《ことかつくにかつなぎさのかみ》

守護分野⦿助言、航海安全、交通安全、大漁、製塩、呪術、予言、安産

出典⦿古事記、日本書紀

キーワード⦿海、しおつち

⛩ 塩釜戸神社（宮城）、塩釜戸神社（愛知）、塩津神社（滋賀）ほか、全国の塩釜神社

各神話で神々に助言を与える

塩椎神《しおつちのかみ》は、天孫降臨《てんそんこうりん》や海幸山幸《うみさちやまさち》の神話に登場する航海、潮流、精塩などを司る神。神名の「塩土《しおつち》」は「潮ツ霊《ち》」、「潮つ路」を意味していて、それが潮流を司る神、航海の神とされる所以となっています。

『古事記』の海幸山幸神話では、兄の海《うみ》幸彦《さちひこ》の釣り針をなくして困っている山幸彦《やまさちひこ》に、竹の船を用意し、それに乗って海神（綿津見神《わたつみのかみ》）の宮に行くことを勧めました。その際に、海神の宮に行くための航路を教えたとされます。また、神倭伊波礼琵古命《かんやまといわれびこのみこと》（神武天皇）がまだ高千穂にいた頃にも、「東の方に行くと、もっとよい国が造れますよ」と助言。建御雷之男神《たけみかづちのおのかみ》と経津主神《ふつぬしのかみ》が東北を平定する際には両神を先導し、その後は、宮城の塩釜戸神社にとどまり人々に製塩を伝えたともいわれています。塩椎神は海路を司る海の神ですが、不思議な霊力を備え呪言を司る神とも考えられています。

メッセージ

困難に直面したときは、人生の軌道修正をするチャンスです。あらゆる思い込みを外し、問題の本質をよく見て、勇気を持って変化を受け入れると、新しい道が用意されていることに気づきます。知恵の光が授けられ、その道を歩んでいけるでしょう。

綿津見神《わたつみのかみ》

伊邪那岐命から
生まれた海の神

PROFILE

別名◉海神《わたのかみ》、少童神、大綿津見神

守護分野◉大海

出典◉古事記、日本書紀

キーワード◉海、わたつみ

⛩ 日高宮神社（宮城）、綿津見神社（福島）、渡海神社（千葉）、海神社《わたつみ》（兵庫）、沼名前神社（広島）

大海原を司る海の神霊

綿津見神《わたつみのかみ》は、伊邪那岐命《いざなぎのみこと》が禊《みそぎ》をしたときに住吉三神と同時に生まれた海の神です。このとき水の底の方から生まれたのが底津綿津見神《そこつわたつみのかみ》、中《なか》ほどから生まれたのが中津綿津見神《つわたつみのかみ》、水表で生まれたのが上津綿津見神《うわつわたつみのかみ》で、元々は一柱の神であったのを三神に分けたともいわれ、この三柱を総称して綿津見神とされます。神名の「わた」は海の古語で、「み」は神霊の意で「海の神霊」。または、「つみ」は「司る」で「偉大な海の神」という意味を持つとされます。綿津見神は、山幸彦《やまさちひこ》の海底訪問の神話の中で豊玉毘売命《とよたまびめのみこと》と玉依毘売命《たまよりびめのみこと》の父神として登場。娘の豊玉毘売命と結婚した縁から海の王として山幸彦の窮地を助けます。

綿津見神三神は、それぞれ海面、海中、海底を司っています。海は潜在意識や能力、心にもたとえられ、そこから私たちを見守っています。

メッセージ

わたしは、すべての真実と可能性を包括した潜在意識を司る者。あなたの闇に包まれた深層を、神の光で照らしましょう。表面（現実）が荒く波立ち、視界や航路が遮られたように見えても、心の深部にはいつでもすべての真実が存在しています。

第六章 大和の国見

現在の日本の礎となる
日本全土の平定が、
時と世代を越えて
進められていきました。

この章に関係する主な神々

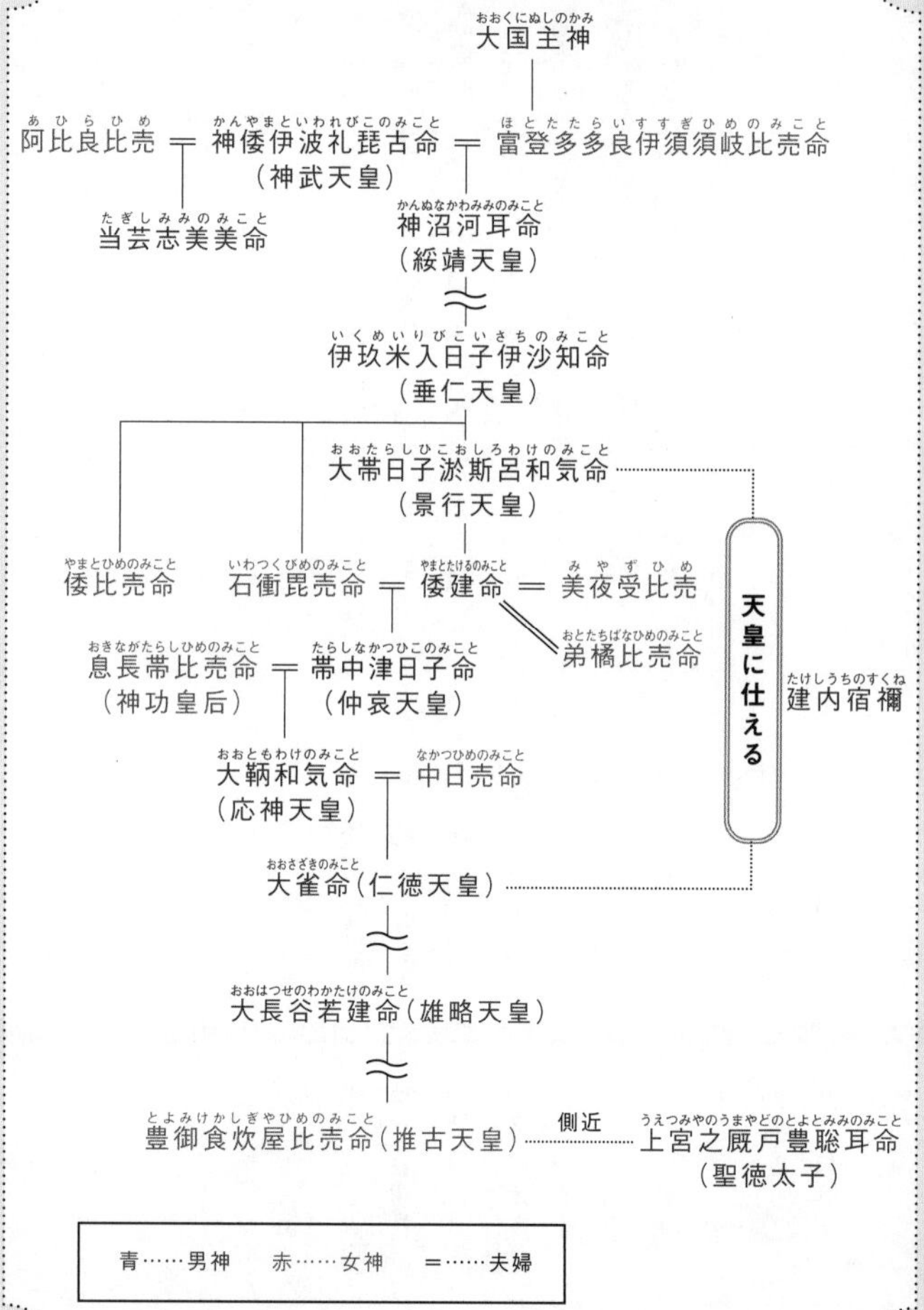

神武天皇東征と大和建国

神倭伊波礼琵古命《かんやまといわれびこのみこと》（神武天皇）は平和な天下を治めるための土地を求め、幾年もかけて、東へ東へと進まれました。その旅は天からも見守られ、危機が訪れたときには、高天原《たかまのはら》の神からの神託を受けた高倉下《たかくらじ》や、高御産巣日神《たかみむすひのかみ》によって遣わされた八咫烏《やたがらす》によって助けられるのでした。たくさんの国津神《くにつ》がお味方し、統治を邪魔する全ての国津神は平定されていきます。そして、ついに奈良の地に辿り着き、畝傍山《うねびやま》の麓に宮を築いて大和の国を拓き、天下をお治めになりました。

倭建命《やまとたけるのみこと》の大和制覇

時は進み、大帯日子淤斯呂和気命《おおたらしひこおしろわけのみこと》（景行天皇）の時代。御子の一人に、かの有名な倭建命《やまとたけるのみこと》がおりました。大和を強固な国にするため、倭建命は西方の国の平定を天皇より命ぜられます。そこで、西方最強といわれる九州の熊曽健《くまそたける》兄弟の討伐へ行き、見事その命を果たします。その強さに屈服した熊曽健の弟は、それまで倭男具那王と名のっていた倭建命に「健」の名を名乗るよう進言しました。「健」とはそもそも強いものを意味し、それから倭建命となりました。

九州から大和へ帰る道すがら、出雲に出雲健という強者がおり、大和に反発をしているという噂を耳にします。そこで倭建命は出雲へ立ち寄られ、出雲健の隙をついてその命を奪ったのでした。こうして西方の平定を終え大和へ戻ると、今度はすぐに東方の国の平定へ向かうよう命ぜられてしまいます。天皇に嫌われているのか……と、その悲しみを叔母の倭比売命に相談すると、お守りに草薙剣《くさなぎのつるぎ》と火打石の入った袋を授けられ、これを持って東国征伐へと向かったのでした。

叔母からのお守りに幾度も命を助けられながら旅を続けられた倭建命でしたが、最後は山神の毒気にあたりその命を落とされ、大きな白鳥となって天へ飛翔し、海に向かって飛び去っていかれました。

まほろばの国

その後、帯中津日子命《たらしなかつひこのみこと》（仲哀天皇）の妻、息長帯比売命《おきながたらしひめのみこと》（神功皇后）や大鞆和気命《おおともわけのみこと》（応神天皇）、大雀命《おおさざきのみこと》（仁徳天皇）らの活躍により大和国の平定は続けられていきます。そして、その後の皇孫たちが次々と皇位を継がれながら、この国を平和にお治めになりました。

富登多多良伊須須岐比売命《ほとたたらいすすぎひめのみこと》

初の皇后となった
神武天皇の妃

PROFILE

別名◉媛《ひめ》蹈鞴《たたら》五十鈴《いすず》媛《ひめ》命、比売《ひめ》多多良《たたら》伊須気《いすけ》余理《より》比売《ひめ》

所属◉御年神

守護分野◉安産、縁結び

出典◉古事記、日本書紀

キーワード◉山百合、たたら

⛩ 率川神社（奈良）、橿原神宮（奈良）

神武天皇に見初められ妃となる

富登多多良伊須須岐比売命《ほとたたらいすすぎひめのみこと》は、神倭伊波礼琵古命《かんやまといわれびこのみこと》（神武天皇）の妻であり、最初の皇后となった女神です。

父親に関しては諸説ありますが、『古事記』では、大国主神《おおくにぬしのかみ》の和魂《にぎたま》であった三輪の大物主神《おおものぬしのかみ》と勢夜陀多良比売《せやだたらひめ》の娘であるとされています。

神名の「たたら」とは、製鉄のときに用いられる道具で、皇后の出身が製鉄と関係があったとされています。また、「ほと」はその出生に由来しています。

父の大物主神は、勢夜陀多良比売に一目惚れし、なんとか彼女と縁を作ろうと画策。自らの姿を赤い矢に変え、彼女が川で用を足しているときに、彼女の下を流れて「ほと」（陰所）を突きました。彼女がその矢を自分の部屋に持ち帰ると大物主神は元の姿に戻り、二神は結ばれて、富登多多良伊須須岐比売命が生まれました。

機転を利かせ息子たちの危機を救う

富登多多良伊須須岐比売命は、大和の三輪山麓、狭井川のほとりに住んでいましたが、神武天皇に見初められて皇后となりました。

神武天皇は日向にいた頃、すでに阿比良比売《あひらひめ》との間に二子をもうけていますが、大和において新たに三輪の大物主神の娘である富登多多良伊須須岐比売命を娶って正妃としました。彼女は、神武天皇との間に、日子八井命《ひこやいのみこと》、神八井耳命《かんやいみみのみこと》、神沼河耳命《かんぬなかわみみのみこと》の三柱の御子をもうけています。

神武天皇が崩じた後、彼女は天皇の前妻である阿比良比売の子で朝政の経験に長けていたといわれる当芸志美美命《たぎしみみのみこと》の妻となりました。当芸志美美命は皇位を狙って、天皇の子を殺そうと計画しましたが、この陰謀を知った富登多多良伊須須岐比売命は、そのことを歌にして子供たちに知らせ反逆を防ごうとしました。母の歌から謀反を知った御子たちは、力を合わせて当芸志美美命を討ち、功績のあった神沼河耳命が皇位を継ぎ綏靖天皇となりました。

聖母を象徴する機知に富んだ女神

富登多多良伊須須岐比売命は、その性質についてはあまり多く語られていませんが、当芸志美美命の反逆の際に和歌にのせて危機を知らせ窮地を救うなど、たいへん機知に富んだ女神でした。また彼女の住んでいた三輪山は山百合の名所でした。百合は聖母マリアを象徴するように、純潔や完全性、平和、神聖さを象徴しています。山百合に象徴される彼女は、神聖な母性や平和を司る女神でもあるのです。

メッセージ

野山にひそやかに咲く山野草のように、しなやかで強い誇りを持って生きてください。あなたはそのままで完全なのです。ありのままの自分を認め、人と比べることを止めたとき、人生に最高の花を咲かせることができるでしょう。開花するのに必要な情報も自然にもたらされます。

八咫烏《やたがらす》

数々の神話に登場する
導きの鳥

PROFILE

別名◉導き

出典◉古事記、日本書紀

キーワード◉からす

同一視されている神◉賀茂建角身命の化身、金鵄《きんし》

賀茂御祖神社（京都）、八咫烏神社（奈良）、熊野三山（和歌山）

神武東征を先導する

八咫烏《やたがらす》は、神話に登場する烏の神です。和歌山県にある熊野三山の神使《みさきがみ》として知られ、三本足の烏の姿をしているとされています。八咫烏の「咫」は長さの単位で、「八咫（やあた→やた）」とは大きいこと、長いことを示しています。

伝承では八咫烏は、神武東征の際に、高《たか》御産巣日神《みむすひのかみ》によって神武天皇の元に遣わされ、熊野から大和に入る険路の先導となった大烏といわれ、熊野の那智大社にはその姿が石になったといわれる烏石が残されています。また、現在ではサッカー日本代表のシンボルマークに使用されているのは有名な話です。烏は狩猟民族にとって、先を見通す目を持った賢者であり、獲物のありかに導いてくれる特別な存在でした。三本足の鳥の神話は世界中にあり、太陽と関連付けられている場合も多く、導きの鳥として神格化されています。

メッセージ

わたしはすべてを見とおす目。天の先導者として、人々の人生に道を示します。道に迷い、行く方向を見失ったとしても慌てる必要はありません。何かの障害にあって立ち止るとき、それは気づきのチャンスでもあるのです。そのテーマをよく見てください。

天之日矛《あめのひぼこ》

新羅からやってきた
国土開発の祖神

PROFILE

別名◉天日槍命《あめのひぼこのみこと》

守護分野◉土地開発

出典◉古事記、日本書紀、播磨国風土記

キーワード◉新羅国王子、ひぼこ

出石神社（兵庫）

美しい娘を追って日本に上陸

天之日矛《あめのひぼこ》は、新羅国《しらぎこく》から日本へ渡来し、但馬国へ土着し帰化した農業と国土開発の神です。彼は新羅国の王子として生まれましたが、一人の美しい女性を追って朝鮮半島から渡ってきたとされます。

天之日矛は、新羅国で赤い玉から化身したという美しい女性と結婚していました。赤い玉は、あるとき沼のほとりで昼寝をしていた女の陰部に日光がさし、女が懐妊して産み落とされたものです。天之日矛はこの玉を偶然手に入れて家に持ち帰ると、玉は美しい女に化身、彼女を妻としました。彼女は夫によく尽くしましたが、あるときおごった天之日矛から罵りを受けると、親の国へ帰るといって小舟に乗って日本へ渡ってしまいました。

天之日矛は反省して、妻を追って新羅国から東の国（日本）へとやってきて但馬国に上陸しました。

土地を開拓し農業を教える

但馬国に入った天之日矛は、やがて但馬の娘、前津見《まえつみ》と結婚してその地に落ち着き、沼のようであった地を土地の民たちと協力して開発し、よい土地に開拓したといわれています。そして土地を拓いた後には、鉄器や土器など、新羅の最新技術を伝えることによって農耕を発展させ、食料を豊かにし、農業神としてその霊威を発揮しました。

そのことから彼は、農業と国土開発の神として崇められ、出石神社《いずしじんじゃ》にお祀りされながら、今も開拓したその平野の一円を見守っているとされています。

『日本書紀』によれば、彼はまた、日本に渡ってくるときに羽太玉《はふとのたま》、足高玉、赤石、刀、矛、鏡、熊の神籬《ひもろぎ》といった七種の貴重な神宝を携えてきたといわれます。

太陽神を祭る神具を手に日の国へ

天之日矛が携えてきたといわれる七種の神宝は、いずれも太陽神を祀る呪具でした。玉、鏡、刀は三種の神器と同じ構成で、それに矛と神籬が加わっています。

神名である「日矛（槍）」の日は太陽を、そして矛は武器の意味を持っています。このことから、彼は太陽神を崇め祀る重要な役割を担っていると考えられます。また、「槍」からは民族的な守護を司る武神のイメージも伺えます。

太陽は古来、絶対神の象徴として崇められてきました。こうして太陽を祭る神具を携えて、日の国（日本）にやってきた天之日矛は、創造神から創造の「業《わざ》」を委託された神であるともいえましょう。

メッセージ

「七」は創造の原理を示す完成と勝利の数字で、ひとつの周期を示しています。太陽の光は虹の七色に分かれ、一週間は七日で構成されています。すべてのものには周期があり、天の法則に従って物事が成り立っています。善きも悪しきもすべては天の循環なのです。

意富多多泥古《おおたたねこ》

疫病収めに働いた
大物主神の子孫

PROFILE

別名◉大田田根子命
守護分野◉鎮護国家
出典◉古事記、日本書紀
キーワード◉大神神社

⛩ 陶荒田神社（大阪）、大神《おおみわ》神社（奈良）、多太神社（奈良）、大直禰子神社（奈良）

大神神社の祭主となり疫病を治める

意富多多泥古《おおたたねこ》は、三輪山《みわやま》の神である大物《おおもの》主神《ぬしのかみ》（大国主神《おおくにぬしのかみ》の和魂《にぎたま》）の子で、生活の守護神です。

崇神天皇の治世のとき、都には疫病が流行して多くの人々が亡くなりました。天皇はこの事態を愁き嘆いて天地の神々に謝罪し、悲しみのあまり床に伏せていると、夢に大物主神が現れて「この疫病は私の意志によるものである」と語りました。そして自分の血を引く意富多多泥古によって自分を祀れば、疫病は治まり国も安らかになることを伝えました。そこで河内にいた意富多多泥古が捜し出され、天皇はさっそく彼を祭主に据えて三輪山の大物主神を拝み祀りました。するとたちまちに疫病は治まり、国内は平安を取り戻したといわれます。

以来、大物主神を祀る大神《おおみわ》神社は、全ての産業をはじめ、人間生活のあらゆる守護をすると崇められています。

メッセージ

病気にかかったとき、そこには人生の大きな学びがあることを知っておいてください。自分の真実に反した人生を送っていると、食い止めるためのサインとして病が現れることがあります。そこに向き合うことで、あなたは天からのギフトを受け取るのです。

多遅麻毛理《たじまもり》

天之日矛の子孫で
製菓の神

PROFILE

別名⦿田道間守《たじまもり》

守護分野⦿菓子、製菓、滋養

出典⦿古事記、日本書紀

キーワード⦿橘

⛩ 中嶋神社（兵庫）、橘寺（奈良）

日本に蜜柑の原種を持ち運ぶ

多遅麻毛理《たじまもり》は、新羅《しらぎ》からやってきて日本に帰化した国土開発の神、天之日矛《あめのひぼこ》の子孫で製菓の神です。神名の「もり」は「守」の意をもち、但馬（兵庫県）の国守を意味しています。

彼は、垂仁天皇に「常世の国にある時を定めず香りを放つ、不老不死の木の実」を取ってくるよう遣わされ、常世《とこよ》の国に出かけます。そして苦労してその木の実を探し、実が付いた枝を八組持ち帰ってきました。その間約十年が経過し、彼がようやく大和に戻ったときには天皇はすでに崩御されていました。多遅麻毛理は悲しみ、天皇の御陵に木の実を捧げ、泣き叫びながら亡くなりました。その木の実は橘のことだったようで、垂仁天皇陵には橘が植えられ、その苗は栽培されて蜜柑の原種となりました。果物や木の実のことを「水菓子」と呼び、彼は製菓の祖として崇められています。

メッセージ

自分自身を育むことに注意を払っていますか？　妬み、怒り、執着などあなたを蝕む有害な思考を持ち続けていませんか？　あなたの思考をポジティブに保つと、すべての状況は変化し、癒されていきます。愛の滋養を自分自身に与えてください。

倭比売命《やまとひめのみこと》

天照大御神の神託により
伊勢神宮を建立

PROFILE

所属◉斎宮
守護分野◉祭祀
出典◉古事記、日本書紀
キーワード◉巫女、やまとひめ

⛩ 倭姫宮（三重）

天照大御神《あまてらすおおみかみ》の忠実な御杖代《みつえしろ》

倭比売命《やまとひめのみこと》は、第十一代垂仁天皇の皇女で、天照大御神《あまてらすおおみかみ》の御杖代《みつえしろ》とされる女神です。

彼女は、第十代崇神天皇の皇女、豊鍬入《とよすきいり》日売命《ひめのみこと》の跡を継ぎ、天照大御神の御杖代となりました。倭比売命は豊鍬入日売命に代わって天照大御神が鎮座されるところを探し、大和国から伊賀、近江、美濃、尾張の諸国を経て伊勢の国に入りました。そのとき、天照大御神から「伊勢国は常世《とこよ》の波が打ち寄せる美しい国である。この国に居りたいと思う」とご神託を受け、その言葉のままに伊勢に祠を造り、五十鈴川のほとりに斎宮《いつきのみや》を建てました。

また彼女は倭建命《やまとたけるのみこと》が大きな信頼を寄せる叔母で、彼が西征の際には自らの衣装を、東征の際には三種の神器のひとつである草薙剣《くさなぎのつるぎ》を与えて彼を助けました。このように彼女は偉大な知恵と霊力を持ち、私たちを加護してくれています。

メッセージ

あなたの心の中に囁かれている、微細な真実の声に注意して耳を傾けてください。すべての答えは外からの情報ではなく、心の中にあるということを知りましょう。心の声に静かに耳を傾けるとき、愛と大いなる真実の光を受け取るでしょう。

倭建命《やまとたけるのみこと》

日本神話の中で
最も武力に優れた英雄

PROFILE

別名◉日本武尊《やまとたけるのみこと》、小碓命《おうすのみこと》、日本童男《やまとおぐな》

守護分野◉国土平定、武芸、縁結びなど

出典◉古事記、日本書紀

キーワード◉白鳥、やまとたける

⛩ 武蔵御嶽神社（東京）、気比神宮（福井）、山宮浅間神社（静岡）、建部神社（滋賀）、大鳥大社（大阪）ほか

父に恐れられるほどの猛々しさ

倭建命《やまとたけるのみこと》は、第十二代の天皇である大帯日子淤斯呂和気命《おおたらしひこおしろわけのみこと》（景行天皇）の皇子で、日本神話の中でも最も武力に優れた英雄の一人とされています。彼の身長は二メートルもあったとされ、たくましい顔つきと人並み外れた腕力や超人的な武力を備えていました。その性格は、非常に猛々しく、冷徹で過酷だったとされ、それが災いして生涯を悲劇の英雄として語られることが多かったようです。

あるとき彼は父の天皇から食事に出てこなくなった双子の兄の大碓命《おおうすのみこと》を諭すようにいわれ、兄が話を聞かないので投げ捨て殺してしまいました。それを恐れ疎んだ父は、九州の熊曽建《くまそたける》兄弟の討伐を命じます。彼は伊勢の斎宮《いつきのみや》で叔母の倭比売命《やまとひめのみこと》から衣裳を授かって九州に行き、女装して宴席に入り兄弟を刺し殺しました。そのとき弟からヤマトタケルの名を献上されたといわれます。

数々の助けで難を逃れ討伐を果たす

西方の討伐から帰るとすぐに今度は東方の討伐を命じられ、倭建命は再び倭比売命を訪ねます。倭比売命は彼に三種の神器のひとつの草薙剣《くさなぎのつるぎ》と袋を与えます。

倭建命はまず尾張に入り、美夜受比売《みやずひめ》と婚約をして東国へ赴きます。相模の国で、国造《くにのみやつこ》に欺かれた彼は、野中で火攻めに遭いますが、叔母から貰った草薙剣で草を掃い、袋に入っていた火打石で迎え火を点け難を逃れます。

また、房総半島に向かう海上では走水《はしりみず》の海神に妨害され、船が進まなくなり、后の弟橘比売命《おとたちばなひめのみこと》が入水しその命に換えて荒波を鎮めたといわれます。その後東征を果たして帰途に足柄の坂で「吾妻はや」といって后の犠牲を嘆き、それが「吾妻」の地名の起源になりました。

故郷への思いを残し飛び立つ

倭建命は、東征の帰路にも数々の武勇伝を残しますが、伊吹山の神を素手で征伐しにいった際、その毒気にあてられて重病になり、苦しみながら旅をして三重の能煩野《のぼの》あたりで故郷を思いながら力尽き、息絶えたといわれています。

后や御子たちが報せを聞いてやってきて、悲しみ、墓を作り歌を詠いました。すると倭建命は一羽の白鳥となって、空に舞い、海の方へと飛び去ったといわれます。

彼は常に勇ましい武神のイメージで語られますが、その一方で父に愛されず満たされぬ心を抱えていました。白鳥は永遠の旅やツインソウルの象徴ともされます。彼は永遠の魂や愛を求め、時空を彷徨ったのかもしれません。

メッセージ

あなたが遭遇するすべての状況、人間関係は、あなたに成長と学びの機会を与えてくれる天からの祝福です。たとえその状況が心地よくないと感じたとしても、目を背けずに自分にとってのテーマを見つけてください。そこにある光に気づくことで、大きな祝福が人生にもたらされます。

弟橘比売命《おとたちばなひめのみこと》

身を投じて
倭建命を護るヒロイン

PROFILE

別名⦿大橘比売命《おおたちばなひめのみこと》、橘皇后《たちばなのおおきさき》
守護分野⦿縁結び、献身
出典⦿古事記、日本書紀
キーワード⦿橘、おとたちばな

⛩ 橘神社（千葉）、走水神社（神奈川）、橘木神社（神奈川）、吾妻神社（神奈川）

海中に身を投じ海神の怒りを鎮める

弟橘比売命《おとたちばなひめのみこと》は、倭建命《やまとたけるのみこと》の后です。倭建命との間に若建王《わかたけるのみこ》をもうけ、東征に同行しました。東征の途中、二神が船で房総に向かおうと走水《はしりみず》の海に至ったとき、倭建命の軽はずみな言動が海神の怒りを招き海が荒れ狂い、航行を妨げられてしまいます。弟橘比売命が「私は皇子の身に代わり海に入ります。どうぞ皇子の東征を護らせ給え」と念じ、自ら海中に身を投じると、やがて海は鎮まり倭建命は無事に海を渡り、東征を成功させました。このとき、弟橘比売命が身に着けていた御衣や櫛などが陸に流れ着いて、それらは土地の神社に祀られたといわれます。

神名の「橘」は非時香木実《ときじくのかぐのこのみ》ともいい、不老長寿の象徴です。彼女は入水して海神の妻となり海を護る女神となりました。その名からも、海や不老不死と深く結びついた役割を持つと考えられます。

メッセージ

状況に行き詰まりを感じたり、自分らしさが感じられなくなったりしたら、一度立ち止まってください。すべての行動を止め、自分の心の奥深くの真実へと潜っていきましょう。美しく穏やかで安らぎに満ちた心の海底で、あなたの真実が見つかるでしょう。

息長帯比売命《おきながたらしひめのみこと》

応神天皇を産んだ
聖母神で、武芸の女神

PROFILE

別名◉神功皇后《じんぐうこうごう》、息長足姫命、大帯比売命《おおたらしひめのみこと》

所属◉住吉大神、八幡三神

守護分野◉平定、安産、母子

出典◉古事記、日本書紀

キーワード◉母子、軍神、女性のリーダーシップ

⛩ 鶴岡八幡宮（神奈川）、住吉大社（大阪）、千栗八幡宮（佐賀）、宇佐神宮（大分）、柞原八幡宮（大分）ほか、全国の八幡社

母でありながら軍神として活躍

息長帯比売命《おきながたらしひめのみこと》は、帯中津日子命《たらしなかつひこのみこと》（仲哀天皇）の后で、大鞆和気命《おおともわけのみこと》（応神天皇）の母神です。またの名を神功皇后とし、聖母神、武芸の神として広く信仰されています。祭政一致の古代国家においては、女性が神主となることも多く、その活躍はいわゆる「神功皇后伝説」として『古事記』、『日本書紀』の中で詳しく物語られています。

神功皇后は、皇后として政事を執行。夫の帯中津日子命の急死後、住吉三神の神託によって、お腹に子供（応神天皇）を宿したまま海を渡って朝鮮半島に出兵して新羅《しらぎ》の国を攻め、戦わずして降服させたといわれます。息長帯比売命は、住吉三神と共に祀られるほか、日本で二番目に多いとされる神社の八幡社では、大鞆和気命と共に祀られています。また、日本ではじめて本格的な肖像画入り紙幣に描かれ、高額の切手にもなりました。

住吉三神の助けで新羅を征伐

夫の仲哀天皇と共に熊曽《くまそ》征伐のため九州に赴いていたとき、香椎宮（福岡）で神懸かりされた息長帯比売命に神は、「西方に金銀財宝の豊かな国がある。それを服属させて与えよう」と仰せになりました。ところが仲哀天皇は、それを信じなかったため、神々の怒りに触れて急死してしまいます。仲哀天皇の大葬の際に再び神託を問うと、神は、「この国は神功皇后の腹に宿る御子が治むるべし」と告げました。さらに託宣する神の名を問うと、「天《あま》照大御神《てらすおおみかみ》の御心のままを伝えた住吉三神《すみよしさんじん》である」と答えたといわれます。

息長帯比売命は神意に従い住吉三神を守り神として、妊娠の最中に軍船を整え新羅と高句麗《こうくり》、百済《くだら》へ遠征し、三韓征伐《さんかんせいばつ》を成し遂げ、新羅を天皇の領地と定め、持っていたその杖を占有権を表す印として、新羅王の門に突き立てると、そこに住吉三神の荒御霊《あらみたま》をお祀りしました。

その後、帰路の筑紫の宇美で応神天皇を、無事ご出産されました。

女傑の才を持ち、人々の創造性を刺激

息長帯比売命は、第十五代天皇として即位する大鞆和気命を生み出した聖母とされる一方で、武芸の神としての顔を持ち、男神にも勝る女傑の才にあふれた女神です。三韓征伐

に見られるように英雄的支配者であり、巫女としての神秘的な霊威力を象徴する才気ある女神像から導かれるキーワードは、創造性と女性のリーダーシップ。誰もが生まれながらに持つ本来の才能を、いかに地上で輝かせ実現させていくかを教えてくれます。

メッセージ

あなたの持つ情熱と大胆さを使って、前へ進んでください。安全な道を選ぶのではなく、あなたが本当にやりたいと思う方向へと進む決心をするとき、わたしが追い風を与えましょう。まずあなた自身の魅力を理解し、自分自身を楽しむことからはじめてください。

建内宿禰《たけしうちのすくね》

歴代の天皇に仕えた忠臣

PROFILE

別名⊙武内宿禰命、武内宿禰《たけうちのすくね》

守護分野⊙忠義、忠誠

出典⊙古事記、日本書紀

キーワード⊙忠臣

気比神社（福井）、宇倍神社（鳥取）、香椎宮内竹内神社（福岡）

様々な物事への忠誠心を伝える

建内宿禰《たけしうちのすくね》は、大帯日子淤斯呂和気命《おおたらしひこおしろわけのみこと》（景行天皇）から大雀命《おおさざきのみこと》（仁徳天皇）の五代の天皇に渡りお仕えした長寿の忠臣です。

景行天皇の時代、東国を視察して蝦夷征討を進言し、功を立て大臣となります。その後、息長帯比売命《おきながたらしひめのみこと》（神功皇后）の新羅制圧では大きな助けとなり、また、忍熊王《おしくまのみこ》らが神功皇后とその御子の命を狙い反乱を起こした際に、建内宿禰が見事に鎮圧をしました。代々の天皇の補佐を勤め厚い信頼を得ていたのですが、甘美内宿禰《うましうちのすくね》の讒言《ざんげん》で大《おお》鞆和気命《ともわけのみこと》（応神天皇）から命を狙われます。しかし、探湯《くかたち》（古代の真偽判定法。神に誓い熱湯に手を入れ、真実ならば火傷をしないという）を行い、身の潔白を証明したのでした。

建内宿禰は私たちに、まごころを持って尽くすことの大切さを教えてくれています。

メッセージ

あなたが忠誠を誓うべき対象は、他の誰でもなく、あなた自身の心です。自分以外の存在にあなたの人生を委ねないでください。誰もが自分の人生の支配者であり、指揮官です。あなたは人生を自由に操る、すべての権利と力を持っているのです。

大雀命《おおさざきのみこと》

仁徳が厚く、
民に愛された天皇

PROFILE

別名⦿仁徳天皇、大鷦鷯尊《おほさざきのみこと》、大鷦鷯天皇《おほさざきのすめらみこと》、聖帝、難波天皇

守護分野⦿鎮護国家、平和、徳

出典⦿古事記、日本書紀

キーワード⦿仁徳、徳

⛩ 川上山若宮八幡神社（三重）、高津神社（大阪）、亀山八幡宮（山口）、若宮八幡社（大分）ほか

民を思いやり他者を敬う

大雀命《おおさざきのみこと》は、大鞆和気命《おおともわけのみこと》（応神天皇）と中日売命《なかつひめのみこと》の子です。応神天皇が亡くなられ、異母弟の宇遅能和紀郎子《うじのわきいらつこ》が皇位を継ぐはずが、大雀命へ皇位を譲ろうとします。三年間も空位のまま譲り合いが続き、最後は宇遅能和紀郎子が先に亡くなったことで、大雀命が仁徳天皇となりました。

あるとき仁徳天皇は香具山に登り景色を眺めていました。人家を見ると煙が見えず、「夕方だというのに国中に釜戸の煙が立っていない。民はみな貧しいのであろう」といわれ、その後三年間無税とされ、天皇の御殿整備も停止しました。御殿は雨漏りするほどのありさまでしたが、何より民が幸せになることを考え行動をされる天皇で、「仁」と「徳」の聖王として称えられるほど、人情の厚い方でした。

大雀命は私たちに、他者に対する思いやりの心を教えてくれています。

メッセージ

自分を愛するのと同じように、他人に対して敬意と思いやりを持つことを忘れないでください。思いやりと寛容さは、創造の根本エネルギーである愛を育みます。寛容の心を持ち、何ごとにもまっすぐな心で行動するとき、大いなる天の愛が届くでしょう。

大長谷若建命《おおはつせのわかたけのみこと》

政りのための
過激な振る舞い

PROFILE

別名⦿雄略天皇、大泊瀬幼武尊《おおはつせわかたけるのみこと》、大長谷王
守護分野⦿武威
出典⦿古事記、日本書紀
キーワード⦿わかたける、豪気

葛城一言主神社（奈良）

強さを持ってほかを制する

大長谷若建命《おおはつせのわかたけのみこと》は、允恭天皇《いんぎょうてんのう》の子で皇位を継ぎ雄略天皇となりました。お生まれになったとき、御殿は光り輝きまばゆいばかりの御子であったといわれ、たくましさは抜き出ていました。また大変豪気でもあり、様々な場面で非常に過激なことをされた天皇でもあるようです。狩に出かけられたとき、猪を殺せない小心な臣下に腹を立て、その臣下を殺そうとされます。すると皇后が「今、猪を食べたいからといって臣下を斬られるのは、豺狼《さいろう》と変わりありません」と進言されました。このエピソードからも雄略天皇の激しい性格が窺えます。一方で、天照大御神《あまてらすおおみかみ》の神託により皇太神宮の外宮を建立したことでも知られています。

神名の「わかたける」の名は「高貴で武勇に長けた」という意味があります。大長谷若建命はその勇ましさで、目標をやり遂げる力を与えてくれます。

メッセージ

わたしは押し出す力。あなたの行動を制限し、躊躇させる心のさまざまな雑音を取り除き、目標に向かってまっすぐに進む力を授けます。まずはどこに向かいたいか、目標を決めましょう。ひたむきさと大胆さがこのレースの勝利の鍵となるでしょう。

葛城之一言主大神《かつらぎのひとことぬしのおおかみ》

葛城山の重鎮

PROFILE

別名⦿一言主神、一言主大神《ひとことぬしのおおかみ》

守護分野⦿一言の願い

出典⦿古事記、日本書紀

キーワード⦿葛城、一言

⛩ 葛城一言主神社（奈良）、土佐神社（高知）

一言の願いをかなえる神

葛城之一言主大神《かつらぎのひとことぬしのおおかみ》は葛城山に住み、一言の願いならばどんな願いでも聞き届けてくれるといわれています。葛城一言主神社のある地元では「一言さん」の名で親しまれ、この神社にお参りに行くことを「無言参り」ともいいます。

神話によると、大長谷若建命《おおはつせのわかたけのみこと》（雄略天皇）が一行を引き連れ葛城山へ狩りへ行った際、向かいの尾根に全く同じ恰好の一行がいるのを見つけます。そっくりであるのを不審に思われ、名を問うと「吾は悪事も一言、善事も一言で言いはなつ神。葛城の一言主の大神ぞ」と答えられました。雄略天皇は大変恐縮をして、官吏たちの着ている衣服や弓、矢など、様々なものを奉納されました。葛城之一言主神はそれを受け取り、天皇の一行を見送ったといわれています。

葛城之一言主大神は、何事も一言で言い放つ宣託の神のようです。

メッセージ

あなたの心の中には神聖な泉があり、そこには知恵とパワーが無尽蔵に湧き出ています。騒がしい環境から離れ、静かな場所に身を置き無心になることで、その知恵を受け取ることができます。平安の中で語られる光と知恵の言葉に耳を傾けましょう。

豊御食炊屋比売命《とよみけかしぎやひめのみこと》

国を見事にまとめた
初の女帝

PROFILE

別名◉推古天皇、豊御食炊屋姫尊《とよみけかしきやひめのみこと》、額田部皇女《ぬかたべのひめみこ》

守護分野◉鎮護国家、立法、政治

出典◉古事記、日本書紀

キーワード◉公正、平和、女帝

⛩ 甘樫坐神社（奈良）、推古天皇社（奈良）

冷静さと公正の心を促す

豊御食炊屋比売命《とよみけかしぎやひめのみこと》は後の推古天皇で、日本初の女帝であり、東アジアでも初の女性君主といわれています。『日本書紀』の一説に「姿色端麗、進止軌制」と書かれるほど、その容姿は大変美しく、立ち居振る舞いは乱れなく整っていたとされています。七人の母でありながら、諸々の事情により国を背負って立身となったのですが、大変頭脳明晰な方で、政権争いの絶えなかった時代に巧みに皇権の存続を図る、公正な天皇であったようです。「三宝（仏・法・僧）を敬うべし」と詔し、仏法興隆にも努められ、平和をこよなく愛される推古天皇の時代は国がよくまとまっていました。その表れである飛鳥文化は花開き、今もその恩寵を残しています。

そんな推古天皇は私たちに、何事もその真実をはっきりと見抜き、愛を持って平和解決するよう教えてくれます。

メッセージ

争いを鎮め、問題を解決したいと思うなら、まず自分の争う心、人を批判することを改めましょう。人を責めること、批判することはすなわち、自分自身を傷付けることになります。人に発する言葉に注意を払い、自分にも他人にも公平であってください。

上宮之厩戸豊聡耳命《うえつみやのうまやどのとよとみみのみこと》

日本を築いた
聡明な太子

PROFILE

別名⦿聖徳太子、厩戸皇子《うまやどのみこ》、豊耳聡聖徳、豊聡耳法大王、法主王
守護分野⦿鎮護国家、立法、政治、福祉、木工、建築、芸術
出典⦿古事記、日本書紀
キーワード⦿聖人、耳

法隆寺（奈良）、四天王寺ほか、全国の太子堂

必要なものを見極める力を与える

上宮之厩戸豊聡耳命《うえつみやのうまやどのとよとみみのみこと》は聖徳太子の名でよく知られる聖人であり、推古天皇の摂政です。法や官位の制定、外交、仏教の伝来、布教、お寺の建立、歴史書の編纂など様々な公務に携わり、その超人的な政りの手腕で日本をまとめ、確立されました。

聖徳太子という名は後世につけられた尊称で、本名の「厩戸《うまやど》」は、馬小屋の前で出生したことと も、叔父である蘇我馬子の家で生まれ、馬子屋敷が転じて厩戸になったともいわれています。また、「豊聡耳」は「人の話を聞き分けて理解することに優れている」「頭がよい」という意味で、人の話をよく聞かれる豊かな耳（心）を持っていたことを示しています。

上宮之厩戸豊聡耳命は私たちに、落ち着いて物事を見聞きし、自分にとって本当に必要なものは何かを考え、行動するよう促しています。

メッセージ

人の話を聞くときには、耳だけを傾けるのではなく心を使って傾聴してください。発する言葉の意味にとらわれず注意深く聞いていると、言葉の中に潜む光と天の声を理解することができます。その気づきはあなたの人生に大きな恵みをもたらします。

信託を受けた高い倉の主

高倉下《たかくらじ》

高倉下《たかくらじ》は物部氏の祖先です。神倭伊波礼琵古命《かんやまといわれびこのみこと》とその軍が東征に進むと、熊野で熊神に霊気を浴びせられ、失神させられてしまいます。そこへ高倉下がやってきて、建御雷之男神《たけみかづちのおのかみ》から受けた「葦原中国《あしはらのなかつくに》を平定するための霊剣布都御魂《ふつのみたま》を授けるので、神倭伊波礼琵古命へ献上するように」という夢のお告げのとおり、その霊剣を捧げると、正気に戻ったのでした。この霊剣は、石上神宮《いそのかみじんぐう》（奈良）のご神体として祀られています。

PROFILE

別名⊙天香山命《あまのかごやまのみこと》

守護分野⊙倉庫

出典⊙古事記、日本書紀

キーワード⊙倉、たかくら

⛩ 彌彦神社（新潟）、高倉神社（三重）

勇気と正義に満ちた天皇

神沼河耳命《かんぬなかわみみのみこと》

神沼河耳命《かんぬなかわみみのみこと》は神倭伊波礼琵古命《かんやまといわれびこのみこと》と富登多多良伊須須岐《ほとたたらいすすぎ》比売命《ひめのみこと》の子で、三人兄弟の末っ子です。母の再婚相手である当芸志耳命《たぎしみみのみこと》にこの三兄弟は命を狙われますが、母の機転により難を逃れます。当芸志耳命の不義を兄弟で成敗。敵を追い詰めたとき兄は足が震え、とどめを刺せず、神沼河耳命が兄の武器を取ると見事打ち取りました。その勇気が讃えられ皇位を継承し綏靖天皇《すいぜんてんのう》となりました。

PROFILE

別名⦿綏靖天皇《すいぜいてんのう》、神淳名川耳尊《かんぬなかわみみのみこと》

守護分野⦿鎮護国家

出典⦿古事記、日本書紀

キーワード⦿勇気

率川神社（奈良）、多坐弥志理都比古神社（奈良）

国の平定に尽力する

大帯日子淤斯呂和気命《おおたらしひこおしろわけのみこと》

第十二代天皇で、倭建命《やまとたけるのみこと》の父。現在の九州南部に熊曽《くまそ》という部族がおり、この部族が天皇に反逆を起こしたため征伐しました。また、現在の大分県に土蜘蛛（巨大な蜘蛛の妖怪とも、天皇に従わなかった豪族などに対する蔑称ともいわれています）がおり、その仲間ごと、ことごとく討ち滅ぼしました。国の平定に力を尽くし、これらの神話からも国の平和を守護する神として祀られています。子宝にとても恵まれた神でした。

PROFILE

別名◉景行天皇《けいこうてんのう》、大足彦忍代別天皇《おおたらしひこおしろわけのすめらみこと》

守護分野◉鎮護国家、国土平定

出典◉古事記、日本書紀

キーワード◉征伐、平和

⛩ 景行天皇社（愛知）

倭建命の寵愛を受けた女神

美夜受比売《みやずひめ》

倭建命《やまとたけるのみこと》は東征の途中に立ち寄った尾張の国で、美夜受《みやず》比売《ひめ》に魅せられてしまいます。東征を終え、晴れて美夜受比売と結ばれるのですが、また旅立たねばならず、自分の身代わりにと草薙剣《くさなぎのつるぎ》を美夜受比売に預けます。守護の剣を手放したためか、倭建命はその後命を失います。美夜受比売は草薙剣を鎮守するため、熱田神宮（名古屋）へ剣を奉斎。美夜受比売の屋敷跡は倭建命の歌に因み、氷上姉子神社となりました。

PROFILE

別名⦿宮簀媛《みやずひめ》
守護分野⦿病気平癒、延命長寿
出典⦿古事記、日本書紀
キーワード⦿未亡人、姉子

⛩ 氷上姉子神社（愛知）

神への冒涜で命を奪われた天皇

帯中津日子命《たらしなかつひこのみこと》

倭建命《やまとたけるのみこと》の子で、息長帯比売命《おきながたらしひめのみこと》の夫。熊曽《くまそ》征伐のため妻と共に筑紫の香椎を訪れたとき、妻が神懸り「西に国がある。その目にもまばゆい宝の国をお前にやろうと思う」という信託を告げます。しかし、帯中津日子命はそれを信じず神を冒涜したため、神の怒りをかい命を落としてしまいます。帯中津日子命の死に人々は恐れ戦き、大祓の儀式を執り行いました。帯中津日子命は、崩御した地にある香椎宮に祀られています。

PROFILE

別名⦿仲哀天皇《ちゅうあいてんのう》、足仲彦天皇《たらしなかつひこのすめらみこと》

守護分野⦿鎮護国家、傷病平癒

出典⦿古事記、日本書紀

キーワード⦿琴、なかつひこ

⛩ 忌宮神社（山口）、香椎宮（福岡）、千栗八幡宮（佐賀）、柞原八幡宮（大分）

期待を背負って地上に生まれた神

大鞆和気命《おおともわけのみことみやずひめ》

　息長帯比売命が新羅制圧の際に身籠っていた御子で、住吉三神《すみよしさんじん》から「お腹の御子が国を治むるべし」とのお告げを頂くほど、将来を有望された御子でした。全国の八幡社の主祭神であり、その社数は日本一多い稲荷社に次ぐとされています。息長帯比売命が新羅制圧を終え筑紫の国に着いた際にお生まれになり、現在その地は宇美（うみ）という地名がついています。また、おしめを代えた地を志免（しめ）といいます。

PROFILE

別名⊙応神天皇、誉田別尊《ほむたわけのみこと》、誉田天皇《ほむたのすめらみこと》、胎中天皇《はらのうちにましますすめらみこと》

所属⊙八幡三神

守護分野⊙子、平定

出典⊙古事記、日本書紀

キーワード⊙腕、宿命

⛩ 千栗八幡宮（佐賀）、柞原八幡宮（大分）ほか、全国の八幡社

第七章
そのほかの八百万の神

この国を護ってくださる、『古事記』や『日本書紀』以外の八百万の神々を紹介します。

八百万《やおよろず》の神とは

日本には今日まで数多くの神々が認められ、その神々を総称して「八百万《やおよろず》の神」といわれています。八百万とは、その数を表しているわけではなく、末広がりで縁起の良い数字とされる「八」と、とても多いという意味の「百万」を結びつけた造語で、とにかくたくさんの神様がいらっしゃることを表しています。

神道で八百万の神というと、「天津神《あまつ》」と「国津神《くにつ》」のふたつに大別されます。これは特定の一柱の神を指すのではなく、いわゆる「派」のようなもの。

「天津神」は、天孫系と大和系といわれる天照大御神の系列や、高天原《たかまのはら》に住まう神々を指し、「国津神」は、大国主神をはじめとする出雲系の神々や、葦原中国など地上に住まう神々、自然神などを指すようです。この大別には様々な説がありますが、とにかく日本には、本当にたくさんの神様が存在していることを感じます。

天（宇宙）にはじまり、自然や実在した人物を神格化した神様まで、私たちはたくさんの神々に生かされているようです。

榎本神《えのもとのかみ》

お人好しの
春日の地主神

PROFILE

守護分野◉民間行事
出典◉民話、伝承
キーワード◉春日

春日大社内榎本神社（奈良）

今が完璧であると教える

榎本神《えのもとのかみ》は古くは春日の地主神で、春日山に祀られていました。あるとき建御雷之男《たけみかづちのお》神《かみ》は春日一帯に広大な神地を構えようと、春日の地主神である榎本神に「この土地を地下三尺譲ってほしい」と頼みます。榎本神は「三尺なら」と承諾したのですが、実は榎本神は耳が遠く「地下」という言葉が聞き取れていませんでした。建御雷之男神が広大な土地を囲いはじめると、榎本神は「これはどういうことか」と抗議をしますが、建御雷之男神は「約束は地下三尺。樹木は地下三尺より下へは伸ばしません。あなたは住む所にお困りでしょうから、ここに住んでください」といい、それをきっかけに、春日大社の境内摂社となりました。

この神話からは、榎本神の人のよさが窺えますが、欲を張ることなく、現状に満足して生きることの大切さを私たちに教えてくれています。

メッセージ

自分の人生を人と比べるのをやめましょう。人の目を気にしたり、人の基準で考えるとき、あなたは自分を生きていません。自分自身を受け入れ、現状に満足することであなたは天からのあふれる愛に気づき、次のステップに移ることができるでしょう。

役小角《えんのおづの》

伝説が多い
修験道の開祖

PROFILE

別名◉役行者《えんのぎょうじゃ》、役優婆塞《えんのうばそく》、小角仙人《しょうかくせんにん》、神変大菩薩《じんぺんだいぼさつ》、山上様《さんじょうさま》

守護分野◉修行、呪術、山岳

出典◉続日本記、日本霊異記、今昔物語ほか

キーワード◉修験道の開祖、修験道

⛩ 役行者霊蹟札所三十六寺社ほか、全国の役行者寺社

呪術と行動力で夢を形にする

役小角《えんのおづの》は修験道の開祖で、呪術に長けた神です。葛城（奈良県葛城市）の賀茂氏の末裔ともいわれ、葛城山で三十数年修行をした末、呪術を感得。その後、雲に乗って神仙と遊んだり、鬼神を自在に操っていたとされています。

あるとき役小角は金剛山と葛城山の間に橋をかけようと思い立ち、神々を動員します。葛城之一言主大神《かつらぎのひとことぬしのおおかみ》もそれに参加したのですが、自分の醜い姿を恥じて夜しか働きません。役小角は、そんな葛城之一言主大神を責め立てて折檻しました。すると、その仕打ちに耐えかねた葛城之一言主大神は人に乗り移り、文武天皇に役小角の謀反を讒言《ざんげん》します。そして役小角は捕えられてしまい、伊豆大島へ流刑になりました。

役小角は優れた行動力を持ち、私たちに実行する意志と力を教えてくれています。

メッセージ

この世はあなたの考えるとおりにできています。あなたの考え信じることが、あなたの現実を創っているのです。運をつかむのも悲運に沈むのもあなたの考え方次第です。思考をポジティブに変え行動することで、人生に奇跡をもたらすことができるのです。

金毘羅権現《こんぴらごんげん》

神仏が一体となった神

PROFILE

別名◉こんぴらさん

守護分野◉海上交通、雨乞い、商売繁盛

出典◉伝承

キーワード◉天狗、こんぴら

⛩ 安井金刀比羅神社（京都）、金刀比羅神社（京都）、金刀比羅宮（香川）ほか、全国の金刀比羅宮

「根源はただひとつ」を説く

金毘羅権現《こんぴらごんげん》は仏である十一面観音菩薩が神に化身した姿とされ、讃岐の琴平山の山岳信仰と修験道を混合した神仏習合の神です。金刀比羅宮の総本宮がある琴平山は、役小角《えんのおづの》が修行のためその山へ登ったときに、水運の神、宮比羅《くびら》に出会ったことをきっかけに開山されました。天狗は金毘羅権現の遣いといわれ、江戸時代には白装束に天狗の面を背負った金毘羅道者が、金毘羅信仰を普及するため全国を巡ったり、お参りをする人も天狗の面を背負うという習慣がありました。金毘羅参りは伊勢参り同様一生に一度はするべきものといわれるほど、庶民に広く信仰された神です。

金毘羅権現はその姿のように、物事の本質（＝真実）はひとつであることを伝えています。そして、私たちに全ては同じものから生まれていることを教えてくれます。

メッセージ

ひとり一人の姿形や人生の見え方が違っていたとしても、すべての人間は大いなるひとつの光、同じ源から生まれてきました。外から見える姿に真実はありません。あらゆる状況や人、その背後に潜む光を感じてください。わたしたちはひとつなのです。

七福神《しちふくじん》

あらゆるものが
融合した神々

PROFILE

守護分野◉あらゆる福を授ける
出典◉伝承など
キーワード◉福、宝船

⛩ 全国の福神社

境界をなくす大切さを伝える

七福神《しちふくじん》は一般的に恵比寿《えびす》、大黒天《だいこくてん》、毘沙門天《びしゃもんてん》、弁才天《べんざいてん》、福禄寿《ふくろくじゅ》、寿老人《じゅろうじん》、布袋《ほてい》の神を指しますが、吉祥天や猩猩《しょうじょう》に入れ替わったり、達磨《だるま》を入れて八福神とするところもあります。神々はヒンドゥー教や道教、仏教など様々な宗教からの集合で、室町時代末頃から信仰されていますが、このメンバーになった経緯はよく分かっていません。

七福神は宝船に乗ってやってきて、願いをなんでもかなえてくれる福徳の神です。全国に「七福神めぐり」といわれるお参りがありますが、これはその地域の中に七福神を一体ずつ祀った七つの社があり、それを順番に回ることでご利益を授かるという参拝行事です。

七福神は宗教の壁を越えた神々で日本人特有の概念が生み出した神といえ、私たちが本来持っている他者との境界を作らない素敵な心を思い出させてくれます。

メッセージ

わたしたちが持つ七つの姿は、あなたが持つ無限の可能性、さまざまな才能を表しています。発現する形は変わっても、同じ自分の光から発生しています。あなたは思うままに自分を変えることができるのです。自ら才能を制限するのはやめましょう。

菅原道真《すがわらのみちざね》

秀才ゆえに苦労をした
学問の神

PROFILE

別名◉みちまさ、どうしん、天満天神《てんまんてんじん》
守護分野◉豊饒、農耕、学問、文字、詩歌
出典◉北野天神絵巻
キーワード◉梅、牛

北野天満宮（京都）、太宰府天満宮（福岡）ほか、全国の天神社、天満宮

知識をとおして平和を導く

菅原道真《すがわらのみちざね》は素晴らしく学才に秀でた学者兼政治家でした。藤原一族の全盛期で藤原氏以外は出世できないといわれていた時代に、その能力をかわれ、右大臣にまで出世しました。しかしその才能を妬む輩も多く、左大臣の藤原時平の讒言《ざんげん》によって悲しくも太宰府へ左遷され、失意のうちに亡くなってしまいます。その後、京の都では落雷や火災が多発したり疫病が流行し、これは菅原道真の怨霊の祟りだと人々の間で恐れられました。菅原道真を恐れる風潮はついに時の天皇の心を動かし、勅旨を持って天満大自在天（＝雷神）としてその霊を鎮めました。菅原道真は学問に長けていたので、学問の神としても篤く信仰されています。

知識は世の中を平和にするために必要不可欠なものです。菅原道真は私たちに教養の必要性を教え、知識や智慧を与えてくれています。

メッセージ

天の知は美しき光であり、平安や喜びを状況にもたらします。一見、成功のように見えても、そこに不安や醜さ、居心地の悪さを感じたら、そこには天知が働いていないことを知ってください。我欲を捨て、大我に生きるとき、真の知が与えられるでしょう。

野見宿禰《のみのすくね》

埴輪《はにわ》で多くの命を
救った神

PROFILE

守護分野⦿相撲、慈悲
出典⦿日本書紀、播磨国風土記
キーワード⦿相撲

⛩ 野見神社（大阪）、穴師坐兵主神社内相撲神社（奈良）、大野見宿禰命神社（鳥取）

命の重みと慈悲の心を促す

野見宿禰《のみのすくね》は当麻蹶速《たいまのけはや》との力競べのため出雲より召喚され、相撲で競った結果、圧勝しました。第十一代垂仁天皇はその強さに感激し、野見宿禰を召しかかえます。

この時代、天皇や皇后が崩御されるとたくさんの殉死者が共に生き埋めにされる風習がありました。この習わしに心を痛めていた天皇が「古来よりの風習とはいえ、よくないものは従わなくてもよい。何かいい方法はないものか」と漏らしたところ、野見宿禰は埴輪《はにわ》を造り生きた人に代えて埋葬することを考案し奏上しました。その案に天皇は大変喜び、野見宿禰に土師臣《はじのおみ》の姓を与え、その一族は代々天皇の墓の造営を司ることとなったようです。

力持ちで心のやさしい野見宿禰は、私たちに命の尊さを教え、力強く生きていくことを守護してくれています。

メッセージ

あなたの信念や考え方は、自身の真実と調和していますか？人は社会や周囲からさまざまな観念、考え方を受け継いでいます。もしいま満足のいかない状態にあるなら、考え方を見直してみましょう。自分の真実にそぐわないものは捨てましょう。

倭大国魂神《やまとのおおくにたまのかみ》

謎の多い
大和国の守護神

PROFILE

別名⊙日本大国魂神《やまとおおくにたまのかみ》
守護分野⊙鎮護国家
出典⊙日本書紀
キーワード⊙やまと
同一視されている神⊙大国主神、大国主神の荒魂、大和国の地主神

⛩ 大和大国魂神社（兵庫）、大和神社（奈良）

国と地上界の平和を司る

倭大国魂神《やまとのおおくにたまのかみ》は天照大御神《あまてらすおおみかみ》と共に皇居に代々祀られてきた神でしたが、崇神天皇はその神々の神威に畏れを感じ、場所を移すことにしました。天照大御神は豊鍬入日《とよすきいりひ》売命《めのみこと》に託し笠縫邑《かさぬいのむら》に祀らせ、倭大国魂神は沼名木入日売命《ぬなきいりひめのみこと》に託し市磯邑《いちしのむら》に祀らせましたが、沼名木入日売命は体を壊し祀りを続けられなくなりました。すると臣下の夢枕に大物主神が現れ「市磯長尾市《いちしのながおち》を祭主として倭大国魂神を祀れば、天下平らぐ」という神託を授けます。そしてお告げのとおりに祀ると、世の中は平和になり作物も豊穣となったそうです。

倭大国魂神は国家鎮護の重要な神で、大国主神やその荒魂、大和国の地主神と同一神とされることもありますが、その存在について書かれているものは少なく、謎多き神です。しかし、私たちの住む国（＝地上界）を守護されている神のようです。

メッセージ

あなたが本当の自分自身でいるとき、持って生まれた天賦を自由に使うことができます。ゆるぎのない天の信頼と自分への信頼を持つことで、あなたはどんな試練をも乗り越えることができ、平和と楽園を自らの人生にもたらすことができるでしょう。

第八章
神聖視される山々

古来より人々に愛され、
敬われてきた山々。
それは自然の代表であり、
神の象徴でした。

日本人と山

古代の人々は生活と密着した自然に対して、崇敬と恐れの念を抱いていました。特に日本は山が多いこともあり、人々の山に対する思いが深かったことを、歌や記述などからも窺い知ることができます。

山は天と地を結ぶ場であるとも、神が降臨する場であるともいわれ、神聖な場所として敬われてきました。信仰の対象でもあり、人々が特別な気持ちで接してきた山。

現在でも、大和発祥の地とされる畝傍山《うねびやま》や、大国主神《おおくにぬしのかみ》の和魂《にぎたま》が鎮座されている三輪山《みわやま》などの神聖視される山々を見て、実際にそこへ立ってみると、古代より受け継がれてきた日本の美しい原型を見ることができます。またその一方で、魂に突きつけられる圧倒的なエネルギーを感じ、自然の威力に畏敬の念を抱くことでしょう。

山はいつも、ただそこにあるだけの存在ですが、そこには確かに日本の神々が住まわれ、いつも変わらず、おおらかな心で私たちを見守っていてくださるようです。

大和発祥の地

畝傍山《うねびやま》

畝傍山《うねびやま》は奈良の大和三山のひとつで、中でも一番高い山です。神倭伊波礼琵古命《かんやまといわれびこのみこと》が畝傍山の麓に畝傍橿原宮《うねびかしはらじんぐう》を築き、大和を拓いた地ともいわれています。

畝傍山には「鼠の糞」と呼ばれる埴（陶器づくりなどの原料となる土）があります。これには神力が宿っているとされ、神事で使われています。

奈良の都にとって大和三山は重要な象徴であり、人々に愛され歌などにもよく詠まれています。

PROFILE

別名⦿慈明寺山

所属⦿大和三山

キーワード⦿大和、うねび

橿原神宮（奈良）、畝傍山口神社（奈良）、曹洞宗慈明寺（奈良）

天から降りてきた神の山

天香具山《あまのかぐやま》

天から降りてきた山といわれ、大和三山で唯一「天」という名を持ちます。天岩戸隠《あまのいわと》れの際には天香具山に生えていた榊《さかき》を摘むなど、祭りのいろいろな準備に使われたり、天がつく名前もあってか、三山の中で最も神聖視されている山です。山の北側には「月の誕生石」といわれる不思議な石があります。腹帯をした妊婦が横たわっているように見える大きな石で、ある晩満月を生んだという逸話があります。

PROFILE

別名⦿香具山、天香久山
所属⦿大和三山
キーワード⦿天、かぐやま

⛩ 天岩戸神社（奈良）、天香具山神社（奈良）、国常立神社（奈良）ほか

神力を持つ鉱物が取れる山

耳成山《みみなしやま》

耳成山には尾根の部分が全くなく、端という意味の耳が無いので「みみなしやま」という名がついたといわれています。周囲には「目無し川」や「口無しの井戸」といった名称の場所もあります。耳成山口神社の本殿の側にある榊の根元からは、畝傍山と同じような「鼠の糞」に似た風化した黒雲母が取れます。これは、「蛭石」とも呼ばれ、安産をはじめ、様々なご利益がある妙薬として信じられ、服用されていたこともあるようです。

PROFILE

別名⦿耳無山、耳梨山、耳高山、青菅山
所属⦿大和三山
キーワード⦿水、みみなし

耳成山口神社（奈良）

日本の象徴

富士山《ふじさん》

日本一の秀峰で最高峰の山。浅間大神と木花之佐久夜毘売《このはなのさくやびめ》を主祭神とするのが全国の浅間神社ですが、その総本宮が富士山の本宮浅間大社で、富士山頂にはその奥宮があります。いつから木花之佐久夜毘売と富士山が結びついたかは不明ですが、一般的に富士山の神として認識されています。古くは縄文時代以前より富士信仰があったとみられ、それを暗示させる遺跡が富士山周辺から複数発掘されています。

PROFILE

別名◉不二山、不尽山

キーワード◉日本の山、ふじ

⛩ 富士山本宮浅間大社（静岡）ほか、全国の浅間神社や富士塚

酒造りの守護山

三輪山《みわやま》

三輪山は、山自体がご神体という神の山です。そのため麓にある大神神社には本殿がなく、拝殿から三輪山を直接拝む造りとなっています。日本各地の酒造場や酒屋の軒先に吊るされている杉の玉は「しるしの杉玉」といわれ、三輪山の神杉の枝を丸く束ねて、酒造りのお守りとして大神神社から授与されているものです。そのため境内には奉納の酒樽が多く、毎年十一月十四日は、醸造安全祈願祭も執り行われます。

PROFILE

別名⦿三諸山《みもろやま》

守護分野⦿大和三山酒造り

キーワード⦿酒、酒造り

大神神社（奈良）

数々の運命に影響を及ぼした山

吉野山《よしのやま》

吉野山は桜の名所として名高い山です。吉野山から熊野へ続く修行道、大峯奥駈道《おおみねおくがけみち》は役小角《えんのおづの》が踏破して拓いた道で、その北の入り口に位置します。世界遺産に登録されている寺社や参詣道も数多く点在し、吉野山の地主神を奉る金峯山寺には役小角が桜の木を刻んで作った蔵王権現も本尊として祀られています。奈良にある山ですが山深く容易に辿り着けず、逃亡者たちの避難先として歴史の節々に登場します。

PROFILE

キーワード⊙桜、よしの

⛩ 金峯神社（奈良）、吉野水分神社（奈良）ほか

コラム③ 自然信仰と太陽崇拝

古代の日本人は山、川、岩、動植物など全ての自然の事象に神のはたらきを感じていました。

特に美しい形をした山は、神そのものとして崇められ、たとえば奈良県の三輪山《みわやま》は、山そのものがご神体で長年禁足の地として知られます。

また、巨石は神々が降りてくる依り代とされ、一時的に信仰対象をお迎えするために設ける岩を磐座と呼ばれます。その後、巨石そのものが神として神聖視されるようになりました。

また日本には数キロおきに巨大な磐座と、太陽崇拝・山岳信仰に関係する古代祭祀遺跡が直線状に並ぶ所があります。奈良県桜井市にある①「箸墓古墳《はしはかこふん》」を中心に、東は太陽をめぐる不思議な祭事が残る三重県の②「神島」、西は兵庫県の淡路島にある巨石を祀った磐座③「舟木石神座」に至る、東西約二百キロメートルにわたる北緯三十四度三十二分の「古代太陽の道」です。

この線上には、前述の④三輪山をはじめ、古代死者の魂がおもむくと考えられた⑤「二上山」、古代の名刹である奈良県の⑥「長谷寺」および⑦「室生寺」、そして三重県の⑧「伊勢斎宮跡」が立ち並びます。さらに、この軌道は春分および秋分の日における太陽の通り道でもあり、古来より太陽への厚い信仰を持っていた日本人にとって、不思議かつ特別な意味を持つ聖なる軌道ともいえるでしょう。

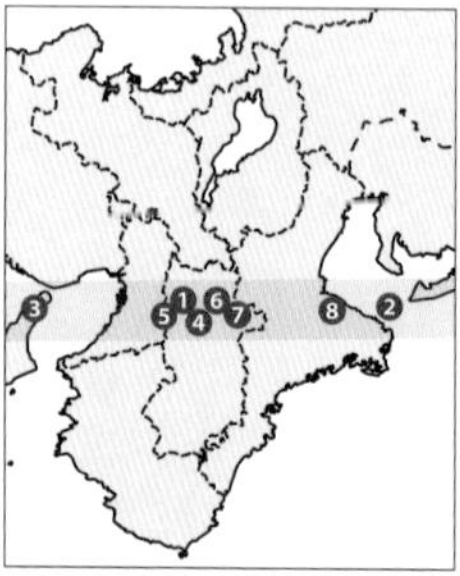

古代太陽の道

第三部　神様と出会うために

神様を詣でる作法と心構え

神社は神様が居られる社です。参拝の際には、自分の心が問われます。礼を尽くし素直な心で歩み寄れば、神様も我々に一歩近づいてくださいます。

◎神社参拝とは

神社は、私たちが神と対峙する場です。外なる神が私たちの成長を導き、助けてくださるようお願いするところです。大抵の場合、神社は木々があり、陽が差し、風が吹く清々しい場所です。そこへ足を運び、今元気に生かされていることへの感謝の気持ちを捧げることが神社参拝のあるべき姿です。

まずは、今暮らしている地元の神社に参拝して、氏神様、産土神様《うぶすなかみさま》、鎮守様などにご挨拶しましょう。これらの神様は、その土地とそこに生きるものを守ってくださっています。引っ越しなどで住むところが変わったら、近くの神社にご挨拶に参りましょう。また、特別な日でなくても、自分の内で気分を立て直したいときなどは、近くの神社へ行ってパンパンと柏手を打つことで気持ちがすっきりするものです。

朝早いほうが清浄な空気に満ちあふれていますので、参拝に出かけるときは、早起きするようにしましょう。身なりを整えて、あまり華美でない服装が望ましいでしょう。

◎神社にて

鳥居をくぐる前には一揖《いちゆう》といって、軽く一礼をします。鳥居はいわば神様の家の玄関にあたり、外の世界との境界線です。鳥居の前では神様に対する礼の気持ちをもって頭を下げましょう。敷居があるところでは、踏まないように渡ります。境内に入ったら、まず手水《ちょうず》で左右の手と口をきれいにします。水の清めの力を借りて、流れ落ちる水に寄せて心身共に清らかな状態にしましょう。

参道の中央は正中といい、神様が通る道ですので、中央を避けて歩きます。一歩一歩、進むうちに、気持ちが引き締まるよう、心静かに進みましょう。

拝殿まで進んだら、静かにお賽銭を差し入れて、鈴（鐘）を鳴らします。響き渡る音で邪を払いつつ、神様に自分の訪問を知らせます。そして、二礼二拍手一礼（深いお辞儀を二度、拍手を二回、もう一度深いお辞儀）をします。

拝殿から見えるように鏡を祀ってあるところもたくさんあり、前に立つと自分の姿が映ります。鏡（かがみ）の中の我（が）

を取れば神（かみ）になります。私たち一人ひとりの胸の内には「神」（魂）が宿っています。自分の胸の内に預かる「内なる神」にも手を合わせ、感謝と共に自らの心の在り方を正し、行いを宣言するような願い方をしましょう。神様はお賽銭と引き換えに安易に望みを叶えてくれるわけではありません。「神を敬えど頼らず」このような心がけもとても大事なことです。

◎特別な参拝

人生の節目の晴れの日に、特にご縁を求めて、霊験あらたかな大きな神社にお参りすることもあるでしょう。江戸時代には、「一生に一度はお伊勢参り」が庶民にとってのあこがれでした。交通機関の発達した現代では、より手軽に全国の神社を訪れることができるようになりましたが、神を詣でる行為には変わりありません。神聖な気持ちを持って臨みましょう。

拝殿までの道のりが長いところや、険しい場所に祀られている社もあります。神域に立ち入るときには、まずはきちんと挨拶をして、礼を欠くことのないようにしたいものです。観光気分で写真を撮ることに夢中になってしまっては、神様に失礼ですし、聖域での貴重な一期一会の体験を逃すことになりかねません。参拝の機会に恵まれたことを感謝し、その場の景色や空気を十分に味わいましょう。

正式（特別）参拝をする場合には、男性はネクタイをしめ、女性もスーツあるいは訪問着などの正装をしましょう。祈願者は拝殿に上がり、神職の神事を受けながら、昇殿参拝をします。神社、祈祷内容によって、作法が異なりますので、その場での指示に従いましょう。

◎服忌《ぶっき》

日本では、家族や親族に不幸（弔事）ができたときには、一定の期間は神域へ立ち入るのを慎むことが慣わしでした。残された者の心の痛みが時間と共に和らぎ、通常の生活を送れるようになるまでの節目として、主に地域の祭りや晴れの行事への参加を遠慮するのです。これは忌引きといわれ清浄を尊び、穢れ（気枯れ）を忌む気持ちからで、「服忌《ぶっき》」・「忌服《きぶく》」又は「喪がかかる」などともいいます。身内の死を悼むのは、人それぞれの心の問題ですが、日々、順調な社会生活を営むための心のけじめを、服忌の心得として参考になさってください。

【忌引きの日数】

父母・夫・妻・子	50日
祖父母・孫・兄弟姉妹	30日
曽祖父母・曽孫・甥・姪・伯母父母	10日
そのほかの親族	3日
特に親しい友人	2日程度

神様をお迎えするために

神様を特定の場所や家庭にお迎えし、日々感謝を捧げる行いの中に、私たちの神性が発露します。日本の総氏神様であるお伊勢様と、地域の氏神様のお札をお祀りしましょう。

◎神を迎える

私たちは古くから八百万《やおよろず》の神々の恩恵に感謝し、祈りを捧げてきました。姿形のない神様を、相応しい場を設けてお迎えし、ことあるごとに生活上のあらゆる守護を願いました。

たとえば、建物の新築や土木工事の起工の際などには、その土地の神様を祀り、工事が無事に進み、土地建物が末永く安全であることを祈願するために地鎮祭が行われます。土地の神様に敬意をはらい、使用の許可を得て安全を願うのです。

このように、神様を招いて祈るということは、日本の生活習慣に受け継がれている伝統的なものです。神様が宿る自然を敬い守り続けていくことは、国を愛し助け合う心を育む大切な行いでもあります。

◎家庭でのお祀り

一般的には、家庭をお守りいただく神様をお祀りするために神棚を置きます。一家の精神的な支柱となる神聖なところですから、清らかな高い場所を選び、お供えものをしたり、拝むのに都合がよいところを選びましょう。南または東向き（北向きは避ける）がよいとされます。

新しい神棚を祀る場合には、神職に「清祓」をしていただくのがよいでしょう。家庭でのお祀りは、毎日丁寧に、心を込めて行うことが大切ですが、こうでなければならないといった堅苦しいものではなく、手を合わせる人の心が最も大切なのです。

◎神札の祀り方

全国に頒布される伊勢神宮の神札《おふだ》のことを神宮大麻といい、天照大御神《あまてらすおおみかみ》をお祀りする伊勢神宮において、いくつもの祭儀を経て作られていれます。できあがった神札は、地域の神社を通じて各家庭に届けられます。

天皇は、国民を代表し、日本の総氏神である天照大御神をお祀りして、国家の繁栄と国民の幸福を祈っています。各家庭においては、その願いの込められた神札を「お伊勢様」として神棚にお祀りし、自らの幸福と共に天皇家の御事を祈るかたちができ上がっているのです。天皇と国民が同じ神を敬う民族的伝統は、今日薄れつつありますが、その根源にある日々の幸福と国の平和を願う心を、今一度お伊勢様にお祈りされてみてはいかがでしょうか?

お伊勢様の神札には、神宮で直接お受けするものと、全国の神社(氏神様)を通じて毎年年末に各家庭に頒布されるものがあります。

神棚に神札を横に並べてお祀りする際は、中央に神宮大麻(お伊勢様)、向かって右に氏神様、左に崇敬する神社の神札をおさめます。また重ねてお祀りするときには、一番手前が神宮大麻、次が氏神神社、その後方に崇敬する神社の神札をおさめます。

なお、祖先や親族の祖霊舎は、神棚より下がった位置にお祀りします。また、身内に不幸があったときには、神棚に半紙を貼って、毎日のお参りを控えて、亡くなった方の霊魂を祀ることを優先します。地域によって違いはありますが、概ね五十日を過ぎるとお祀りを再開します。

◎日々のお参り

神棚には毎朝、食事の前に、一家の代表者が、洗面し口をすすいだ後、お米・塩・水をお供えして、榊の水を替えます。家族も同様に毎朝の洗面後、神棚のお参りをします。

お参りの仕方は神社参拝の作法と同じで、二拝二拍手一拝です。氏神神社・崇敬神社の祭礼日や、家庭の慶事・記念日などには神饌（お供えもの）の種類を多くします。珍しい到来物、季節のものなどがあるときには、それらもお供えしましょう。それをお下げして、その後、家族みんなでいただくことが神様の御心にかないますし、このような中から明るく和やかな家庭も築かれるでことでしょう。

神棚は、専用のきれいな白布で拭き掃除をして常に清浄にし、榊は毎月一日・十五日の朝に取り替えるなどして、緑を保つように心がけましょう。月末や年末には特に丁寧に掃除をいたしましょう。

◎神札の交換（お迎え）

神宮大麻・神札は、毎年新しく改めてお祀りするのが習わしです。新しい年を迎えるにあたり、新たに神様のお力をいただきます。その年の暮れまたは初詣の際、氏神神社でお受けします。なお、古い神札は氏神神社や近くの神社で左義長《さぎちょう》のときにお焚き上げしていただきます。

神棚の祀り方。中央に神宮大麻、向かって右に氏神、左に崇敬する神社の神札を祀る。

索引

あ

足名椎神《あしなづちのかみ》　114／116
阿遅志貴高日子根神《あぢしきたかひこねのかみ》　179
阿比良比売《あひらひめ》　203／211
天津国玉神《あまつくにたまのかみ》　178
天津麻羅《あまつまら》　83／108
天津日子根命《あまつひこねのみこと》　83
天照大御神《あまてらすおおみかみ》　27／60／83
天香具山《あまのかぐやま》　277
天宇受売命《あめのうずめのみこと》　83／94／141
天児屋命《あめのこやねのみこと》　83／102／141
天手力男神《あめのたぢからおのかみ》　45／52／77
天之常立神《あめのとこたちのかみ》　27／36
天之日矛《あめのひぼこ》　220
天火明命《あめのほあかりのみこと》　180
天之菩卑能命《あめのほひのみこと》　83／142／148
天之御中主神《あめのみなかぬしのかみ》　27／30
天若日子《あめのわかひこ》　141／178
阿夜訶志古泥神《あやかしこねのかみ》　27
泡《あわ》さく御魂《みたま》　168
活杙神《いくぐいのかみ》　27
活津日子根命《いくつひこねのみこと》　83
伊玖米入日子伊沙知命《いくめいりびこいさちのみこと》　211
伊邪那岐命《いざなぎのみこと》　27／40／83
伊邪那美命《いざなみのみこと》　27／44／83
伊斯許理度売命《いしこりどめのみこと》　83／106／141
市寸嶋比売命《いちきしまひめのみこと》　83／86
五瀬命《いつせのみこと》　199
稲永命《いなひのみこと》　199
石衝毘売命《いわつくびめのみこと》　211
石長比売《いわながひめ》　141／174
上宮之厩戸豊聡耳命《うえつみやのうまやどのとよとみみのみこと》　211／250
宇迦之御魂神《うかのみたまのかみ》　27／54
鵜葺草葺不合命《うがやふきあえずのみこと》　183／196／198
畝傍山《うねびやま》　275／276
宇比地邇神《うひぢにのかみ》　27
宇摩志阿斯訶備比古遅神《うましあしかびひこぢのかみ》　27／72
海幸彦《うみさちひこ》　183／190
上筒之男命《うわつつのおのみこと》　57
榎本神《えのもとのかみ》　260
役小角《えんのおづの》　262
大碓命《おおうすのみこと》　231

大国主神《おおくにぬしのかみ》 113/122/141
大宜都比売神《おおげつひめのかみ》 83/110
大雀命《おおさざきのみこと》 211/242
意富多多泥古《おおたたねこ》 224
大田命《おおたのみこと》 168
大帯日子淤斯呂和気命《おおたらしひこおしろわけのみこと》 211/254
大年神《おおとしのかみ》 27/80
意富斗能地神《おおとのぢのかみ》 27
大斗乃弁神《おおとのべのかみ》 27
大鞆和気命《おおともわけのみこと》 211/257
大長谷若建命《おおはつせのわかたけのみこと》 211/244
大物主神《おおものぬしのかみ》 122/215
大山津見神《おおやまつみのかみ》 27/48/141
息長帯比売命《おきながたらしひめのみこと》 211/236
弟橘比売命《おとたちばなひめのみこと》 211/234
淤美豆奴神《おみずぬのかみ》 113/138
思金神《おもいかねのかみ》 83/90/141
於母陀流神《おもだるのかみ》 27

か

鹿屋野比売神《かやのひめのかみ》 49
葛城之一言主大神《かつらぎのひとことぬしのおおかみ》 246
金山毘古神《かなやまびこのかみ》 27/75
金山毘売神《かなやまびめのかみ》 27/75
神大市比売《かむおおいちひめ》 27
神産巣日神《かみむすひのかみ》 27/34
神屋楯比売命《かむやたてひめのみこと》 141
神沼河耳命《かんぬなかわみみのみこと》 211/216/253
神八井耳命《かんやいみみのみこと》 216
神倭伊波礼毘古命《かんやまといわれびこのみこと》 183/202/211
草薙剣《くさなぎのつるぎ》 163
櫛名田比売《くしなだひめ》 113/118
奇魂《くしみたま》 113/134
国之常立神《くにのとこたちのかみ》 27/38
熊野久須毘命《くまのくすびのみこと》 83
事代主神《ことしろぬしのかみ》 141/154
木花之佐久夜毘売《このはなのさくやびめ》 141/170/184
金毘羅権現《こんぴらごんげん》 264

さ

幸魂《さきみたま》 113/134
猿田毘古神《さるたびこのかみ》 141/166
三種《さんしゅ》の神器《じんぎ》 162
塩椎神《しおつちのかみ》 183/206

七福神《しちふくじん》 266
志那都比古神《しなつひこのかみ》 27／79
菅原道真《すがわらのみちざね》 268
少名毘古那神《すくなびこなのかみ》 113／130
須勢理毘売命《すせりびめのみこと》 113／128
須比智邇神《すひぢにのかみ》 27
住吉三神《すみよしさんじん》 27／56
勢夜陀多良比売《せやだたらひめ》 215
底筒之男命《そこつつのおのみこと》 56
底《そこ》どく御魂《みたま》 168

た

高倉下《たかくらじ》 212／252
高比売命《たかひめのみこと》 142／179
高御産巣日神《たかみむすひのかみ》 28／31
当芸志美美命《たぎしみみのみこと》 121／216／253
多岐都比売命《たぎつひめのみこと》 83／86
多紀理毘売命《たきりびめのみこと》 83／86／141
建内宿禰《たけしうちのすくね》 121／240
建速須佐之男命《たけはやすさのおのみこと》 68／84／114
建比良鳥命《たけひらとりのみこと》 149
建御雷之男神《たけみかづちのおのかみ》 142／150
建御名方神《たけみなかたのかみ》 142／156
多遅麻毛理《たじまもり》 226
玉祖命《たまおやのみこと》 163
玉依毘売命《たまよりびめのみこと》 183／198
帯中津日子命《たらしなかつひこのみこと》 211／256
月読命《つくよみのみこと》 27／64／84
角杙神《つのぐいのかみ》 27
つぶたつ御魂《みたま》 168
手名椎神《てなづちのかみ》 114／116
豊宇気毘売神《とようけびめのかみ》 53
豊雲野神《とよくものかみ》 27／73
豊鍬入日売命《とよすきいりひめのみこと》 163
豊玉毘売命《とよたまびめのみこと》 184／194
豊御食炊屋比売命《とよみけかしぎやひめのみこと》 211／248
鳥之石楠船神《とりのいわくすふねのかみ》 151

な

中筒之男命《なかつつのおのみこと》 56
中日売命《なかつひめのみこと》 121
泣澤女神《なきさわめのかみ》 27／78
邇邇芸命《ににぎのみこと》 141／158／184
沼名木入日売命《ぬなきいりひめのみこと》 273

野見宿禰《のみのすくね》 270

は

波邇夜須毘古神《はにやすびこのかみ》 27/76
波邇夜須毘売神《はにやすびめのかみ》 27/76
日子八井命《ひこやいのみこと》 216
火之迦具土神《ひのかぐつちのかみ》 27/50
水蛭子《ひるこ》 28/74
富士山《ふじさん》 279
経津主神《ふつぬしのかみ》 207
布刀玉命《ふとだまのみこと》 83/104/141
火須勢理命《ほすせりのみこと》 172
富登多多良伊須須岐比売命《ほとたたらいすすぎひめのみこと》 121/214

ま

正勝吾勝勝速日天之忍穂耳命《まさかつあかつかちはやひあめのおしほみみのみこと》 83/141/144
甕速日神《みかはやひのかみ》 153
御毛沼命《みけぬのみこと》 199
彌都波能売神《みずはのめのかみ》 27/77
耳成山《みみなしやま》 278
美夜受比売《みやずひめ》 211/255
三輪山《みわやま》 275/280
宗像三神《むなかたさんじん》 83/86

や

八上比売《やがみひめ》 113/126
八尺瓊勾玉《やさかにのまがたま》 162
八十神《やそがみ》 124
八咫烏《やたがらす》 212/218
八尺鏡《やたのかがみ》 162
山幸彦《やまさちひこ》 184/186
倭建命《やまとたけるのみこと》 212/230
倭大国魂神《やまとのおおくにたまのかみ》 272
倭比売命《やまとひめのみこと》 121/228
吉野山《よしのやま》 281
万幡豊秋津師比売命《よろずはたとよあきつしひめのみこと》 141/180

わ

若建王《わかたけるのみこ》 235
和久産巣日神《わくむすひのかみ》 27/52
綿津見神《わたつみのかみ》 184/208

おわりに

本書は「日本の神様の本を作りたい」という強い思いから生まれましたが、諸事情により企画立案から制作に入るまでに少し時間を必要としました。別書の出版を経て再び企画は蘇り、２００９年の年の瀬に向かう慌ただしい季節の中で、執筆・制作を行ってまいりました。そして、大いなる変化の流れのなかで迎えた新年。その節目から間を置かず出版にこぎつけたということに、とても意義があるように感じ、何より嬉しく思います。

原稿に着手したばかりの頃は、「いったい日本の神様とはどういうものなのか」と、改めて胸に湧き上がる疑問と向き合い、戸惑い迷うこともありました。しかし、『古事記』をはじめとした様々な文献や研究者の方へのヒアリングなどから神々たちの情報をまとめていくにつれ、古き良き日本人の精神性に触れ、自身のルーツを見直すこともできました。それは大局を乗り越えて存続してきたこの国の強さとも言えるものではないでしょうか。八百万の神々の力が素晴らしいのか、神をいかようにも解釈して護りの力とする日本人の感性が逞しいのか、その包容力と柔軟性が変化の荒波を乗り切っていく力となるのではないか。そう思い立ったときに、この国の将来も「大丈夫」と確信が湧きました。

本書を作成するにあたり、神々をきりっと表情豊かに描いてくださった中川学さんをはじめ、たくさんのスタッフのご協力に対し、この場をお借りして心より御礼を申し上げます。

そして、本書が読者のみなさまの心に触れ、内なる神性を見出し人生を前向きに生きる助けとなりますよう願ってやみません。

ＣＲ＆ＬＦ 研究所／スタッフ一同

■参考文献一覧

『お伊勢まいり』伊勢神宮崇敬会（監修：神宮司庁）
『神々と祭り』神道青年全国協議会（監修：土岐昌訓）
『神々の流竄』梅原猛（集英社）
『古事記』梅原猛（学研プラス）
『古事記』倉野憲司 校注（岩波書店）
『古事記 上・中・下』次田真幸 全訳注（講談社）
『諸国一の宮』入江孝一郎（移動教室出版事業局）
『徹底図解 古事記・日本書紀』榎本秋（新星出版社）
『日本書紀 上』宇治谷孟（講談社）
『日本の神々 神徳・由来事典』三橋健（学研プラス）
『「日本の神さま」おもしろ小事典』久保田裕道（PHP 研究所）
『日本の神様読み解き事典』川口謙二（柏書房）
『大和の原像ー知られざる古代太陽の道』小川光三（大和書房）

■CR&LF 研究所

Creative Room & Life Facilitation lab.

クリエイティブ、食、健康、スピリチュアル、ライフスタイル、投資など、ジャンルの垣根を越えて活躍する女性を中心としたスペシャリスト集団。ビジネスとライフワークの融合をはかりながら、常に新しいライフスタイルやコンテンツの研究、開発、提案を行っています。

【主な活動内容】

出版&ビジネスプロデュース／コンテンツ企画制作／女性のためのライフマネジメント研究／商品開発／イベント企画／コンサルティング etc...

【代表】津久井 孝江（月音）

【ホームページ】http://crlf.tsukine.love

■STAFF

ブックデザイン	松崎 理江（VAriant design）
イラスト	中川 学（visiontrack.jp）
企画・構成	津久井 孝江
執筆	津久井 孝江（月音）、高橋 祐子
編集	成田 晴香

本書は『幸せが授かる日本の神様事典』（２０１０年１月／小社刊）を再編集し、文庫化したものです。

マイナビ文庫

幸せが授かる　日本の神様事典

2020年8月20日　初版第1刷発行

編著者　CR&LF 研究所
発行者　滝口直樹
発行所　株式会社マイナビ出版
〒101-0003 東京都千代田区一ツ橋 2-6-3 一ツ橋ビル 2F
TEL 0480-38-6872（注文専用ダイヤル）
TEL 03-3556-2731（販売）／TEL 03-3556-2735（編集）
E-mail pc-books@mynavi.jp
URL https://book.mynavi.jp

カバーデザイン　米谷テツヤ（PASS）
DTP　木下雄介
印刷・製本　図書印刷株式会社

ISBN978-4-8399-7388-9
Printed in Japan

M Y N A V I **B U N K O**

配色イマジネーション事典

笹本みお 監修

CR & LF 研究所 著

本書では、カラーセラピーの観点から色のメッセージを紹介しています。大きく7つの色と無彩色のグループにわけ、さまざまな分野で役立つ基本の100色と配色アイデアを900例掲載し、わかりやすく色の配色を紹介します。
ファッション・メイク・インテリアコーディネートからイラストレーション・広告・グラフィックデザインまで役立つ一冊です。

定価　本体840円+税

M Y N A V I **B U N K O**

運命に働きかける106の神秘の石

幸せを導く パワーストーン事典

CR & LF 研究所 編著

人を保護したり、幸運や癒しを与えてくれたりと、不思議なパワーで古くから人を魅了し続けるパワーストーン。

パワーストーンは単なるアクセサリーや占い、おまじないの道具ではなく、ポジティブに自分自身を生きるための天然ツールです。本書では、パワーストーンにはたらきかけて石のパワーを活用する方法を、詳しく説明しています。

基本の石からレアストーンまで106種類の石を紹介し、石ごとにパワーやエピソード、取り扱いの注意点、相性のよい石、石からのメッセージなどを掲載しました。

定価　本体920円+税

MYNAVI BUNKO

御朱印と御朱印帳で旅する神社・お寺

大浦春堂 著

全国の神社とお寺等を掲載した、御朱印と御朱印帳でめぐる旅ガイドブックの文庫版が登場。

御朱印はもちろん、近年増えてきた寺社オリジナルの美しい御朱印帳もご紹介します。

モチーフは寺社の宝物やゆかりのある武将などそれぞれ。心躍る一冊がきっと見つかるはずです。

「御朱印とは」といった基礎的な内容から、各寺社でもらえる御朱印・御朱印帳の概要や由緒をご紹介します。

御朱印集めが好きな人にも、御朱印初心者にもぴったりの本です。

定価　本体925円+税